業界の最新常識

よくわかる証券業界

山崎 元
Yamazaki Hajime
鈴木雅光
Suzuki Masamitsu

Contents

- 手数料自由化で迫られた収益構造の改革
- 投資銀行を目指す大手証券会社
- 急速に勢力を増すインターネット証券会社
- 高い成長性が期待される証券化ビジネス
- 覚えておきたい証券業界の歴史と基礎知識
- 主要証券会社の最新プロフィール

日本実業出版社

はじめに

就職先として考えた場合、証券業界はなかなかに魅力的な業界です。

何といっても、個人が、組織に埋没するのではなく、個人として力を発揮しやすい業種です。個人の貢献が数字に表われて評価されやすく、これが収入にも反映するので、プレッシャーもありますが、やり甲斐があります。こうした実力主義を、プレッシャーと感じるか、やり甲斐と感じるか、というあたりが、まずは証券業界への適性の第一の分岐点です。

また、率直に言って、お金を稼ぎやすい業界でもあります。大きなお金の動きと関わる仕事をするので、ちょっとしたアイデアや工夫、あるいは運によって、大きな金額の稼ぎを得ることができるので、お金持ちになりたい人に向いています。だれでもお金持ちになりたいとは思っているでしょうが、証券業界では、お金持ちになりたいという強い欲求が、頑張りのために必要であると同時に、アイデアの源にもなります。

変化が激しく、刺激的だ、ということも魅力のうちに入れていいでしょう。証券業は、その時その時に活発にビジネスを展開している他業種の資金調達や株価に関わるので、世の中の動きとの一体感を感じながら仕事をすることができます。それに、先のことはわかりませんが、証券業自体が、当面かなりの成長性を持っているだろう、と著者達は考えています。

ただし、証券業では、どのビジネスが儲かるかが変化しやすく、これは、証券業界に関わる一人ひとりの成功・失敗に大いに関わる問題です。もちろん、ビジネス分野の流行り廃りがあるとしても、それぞれの分野で本物の力を持っている人は残り、こうした人が次のブームで大成功する資格を持つのですが、どのような仕事を自分の専門分野にして、自分をどう作り上げて行くか、という戦略性が問われます。本書は、そのための良きガイド役となることを目指すものです。

また、本書は、はじめての就職先として証券業界を目指す人のためばかりでなく、既に証券業界のなかに身を置いていたり、あるいは他業界から証券業界を目指す人も意識して書かれています。証券業界はオープンで人材の動きの大きな業界です。他業界から、証券界への転職を目指すのも面白いでしょうし、同じ証券業界のなかに、もっとご自分に合った会社や職種、働き方などがあるかも知れません。

証券業には、相当な数の職業分野があり、現在も増えつつあります。会社と共に職種をセットで考えることが、証券業界への就職を考える場合には必要です。本書では、それぞれの仕事の、具体的な内容と雰囲気に関する情報を多く盛り込むように心掛けました。

本書の著者である、山崎元と鈴木雅光は、現在、投資の分野で原稿を書いたり、発言をしたりしながら、主に外から証券業界を見る立場にもありますが、二人とも、かつて証券会社に勤めた経験があります（山崎は現在、ネット証券に勤めてもいます）。したがって、本書は、証券会社の中側と外側、両方の視点から書かれたガイドブックであることが大きな特色です。

また、両著者は、歯に衣着せぬ本音の発言を持ち味としているので、本書の記述は、通り一遍の説明を一歩踏み越えて、たとえば、どんな職種が転職しやすいか、といった点についても、ストレートに触れています。普通の業界解説本とは趣が異なりますが、証券業界を目指す人にとっての真の実用書であるためには、こうでなければならない、というのが著者達の主張です。

そして、本書を読んで、一人でも多くのやる気のある若者が証券業界を目指し、大いに張り合いを持って働いて、大成功して、大金持ちになって欲しい、というのが著者達の希望です。

著者を代表して　山崎元

2006年3月

#〈業界の最新常識〉よくわかる証券業界◎目次

第2章 証券会社ってこんなところ

第3章　これからどうなる証券業界

第4章 証券会社で働く人たち

第5章 早わかり証券業界史

付録

証券会社各社のプロフィール

イー・トレード証券／SMBCフレンド証券／岡三証券／オリックス証券／カブドットコム証券／光世証券／ゴールドマン・サックス証券会社／コスモ証券／J.P.モルガン証券会社／新光証券／大和証券／東海東京証券／東洋証券／トレイダーズ証券／日興コーディアル証券／野村證券／松井証券／マネックス証券／丸三証券／みずほ証券／みずほインベスターズ証券／三菱UFJ証券／水戸証券／メリルリンチ日本証券／モルガン・スタンレー証券会社／UBS証券会社／楽天証券

※掲載50音順

本文組版◎一企画

第1章

証券業界にサバイバルの時代が来た

■ネット証券会社の台頭
■異業種との融合が加速
■証券仲介業は根付くか？
■手数料はどこまで下がるのか？
■投資銀行を目指す大手証券会社
■迷走する準大手証券会社
■外資系証券会社の実態は？
■今、注目の証券化ビジネスとは？
■証券ビジネスの本質

ネット証券会社の台頭

POINT

ネット証券会社は割安な手数料と使い勝手の良さを武器に取引を急拡大してきた。その半面、ネット証券会社間の生き残り競争は激しい。

◆個人投資家を中心に急拡大したインターネット経由の取引

いろいろな意味で業界全体が大きな変化を遂げようとしている、それが証券業界の現状です。90年代の後半から、「日本版ビッグバン」の名の下で金融業の自由化が大規模に進行しました。異業種からの参入もあり、加えて手数料の自由化も進んだことから、業界地図そのものに変化が現われました。

かつての名門、山一証券は自主廃業に追い込まれ、その前後から台頭してきたのが、インターネットを使って株式の取引を行なうネット証券会社です。

長らく固定手数料制だった株式の委託手数料ですが、それが99年10月には完全自由化され、割安な手数料と自分のペースで取引できる手軽さを武器にして、個人投資家を中心に急速にシェアを拡大してきました。今では、株式の個人取引に占めるネット取引のシェアは、8割を超えているといわれています。

ネット証券が個人の株式取引のシェアを拡大する一方、対応がよれて、方向性が定まらずにフ

業界知識ミニ解説　**【対面取引】**株式などを売買する際、ネットを通じてではなく、営業担当者を通じて注文を出すこと。対面取引の場合、店舗や営業担当者を配置する必要があり、経営コストは割高になる。

ラフラしたのが、既存の店舗を構えて営業していた証券会社です。

ネット取引がスタートした当初は、大手証券会社なども一応、この分野に参入してきました。その結果、どのような現象が生じたのかというと、ネット経由による取引シェアが拡大するにつれて、これまで対面で取引していた既存顧客の取引が、ネット取引に移行していく動きが現われるようになりました。

それまで、対面取引による証券営業は、それなりにまだ手数料を取ることができる状況にありましたが、大手証券会社がネット取引を拡大すると、顧客の食い合いが生じてしまいます。このようなジレンマに陥った大手証券会社は、ネット取引にどこまで肩入れしたら良いのかがわからなくなってしまい、結局、ネット取引を拡大する動きにはなり切れませんでした。

◆顧客の奪い合いの激化が予測されるネット証券会社

このように、大手証券のネット取引への対応がふらつくなか、ネット証券の上位数社は、シェアを拡大するとともに、ビジネス上の利益も獲得するようになってきました。この間の変化は、証券業界というものが、非常に柔軟性に富んでおり、かつ変化のスピードが非常に速い業界であることを示唆しています。ネット証券が登場したのは97年のこと。それからわずか9年程度で、かなりの利益を上げるまでに育ったのです。

ただし、ネット証券同士の競争は激化しています。ネット証券といっても、個人の株式取引に特化しているところもあれば、株式以外にも取扱商品のラインナップを広げ、かつ引受業務にまで参入しているところもあり、ネット証券間でも個性と戦略の違いがあります。

しかも、これまではたとえば大和証券で取引していた顧客が、野村證券に口座を変えるには、結構、手間がかかりましたが、ネット証券の間ではパソコンの操作で簡単に取引相手を変えることができます。ネット証券会社を利用して株式取引をしている顧客の多くは、ひとつの証券会社とだけ深く付き合うようなことはしません。銘柄選びに必要な情報を取る証券会社はここ、実際に売買注文を出すのは手数料の安いあそこという具合に、気軽に使い分けをしています。ネット証券会社であれば、複数の口座を持つのも、簡単ですから、当然といえば当然の流れでしょう。

その意味では、ネット証券会社同士は物凄くスピードの速い競争を行なっていると考えられます。他のネット証券会社が、ちょっとでも有利な、魅力的なサービス提供を開始したら、あっという間に、その証券会社に顧客が移動してしまうこともあります。

したがって、ネット証券会社と対面取引を中心とする証券会社との競争もありますが、同時にネット証券会社同士の競争も、今後はさらに激しくなるはずです。業界の再編成も絶えずウワサされていますが、ネット証券会社の大手でも、最後まで生き残ることができるのは、3社か4社程度だろうといった予想をよく聞きます。

今は勝者でも、明日はどうなっているかわからない。ひょっとしたら、既存の大手証券会社も含めた大再編劇が起こるかも知れません。今、証券業界は極めてドラスティックな変化の渦中にあるのです。

異業種との融合が加速

POINT

銀行が証券ビジネスなど異業種へ参入するなか、証券会社にはその強みである身軽さを活かしたビジネス展開が求められている。

◆リスク商品を扱い始めた銀行、融資業務への参入を目指す証券

「金融業」という場合、銀行があり、証券会社、保険会社といったところが主なプレーヤーですが、異なった金融業態のなかで、それぞれの取引業務の内容がクロスオーバーする動きが浮上しています。基本的に業態の違いは、従来、行政の区分により分けられていましたが、その垣根がどんどん低下してきたのです。

具体的に言うと、これまで銀行は、リスクのある金融商品をあまり扱わずにきました。株式や投資信託など、価格変動リスクのある金融商品は、もっぱら証券会社が扱ってきたのです。これに対して銀行は、もっぱら元本保証と確定利付きをうたい文句にお金を集め、そのお金を企業などに貸し付けることによって、利ざやを稼いでいました。

ところが、昨今は銀行も投資信託や変額年金保険など、価格変動リスクのある（ついでに手厚い手数料もある）金融商品を積極的に扱い始めています。

一方、資金調達を行なう企業の側から見ると、これまでは銀行から融資を受けることによって

設備投資資金などを調達していたのが、最近は、たとえば１００億円の資金が必要になった場合、50億円は銀行からの融資によって賄うけれども、残りの50億円については出資者がリスクを負ってくれる株式を発行して調達したいというようなニーズが増えてきました。

こうなると、銀行としては証券会社が行なっているビジネスに参入したいと考えるでしょうし、証券会社も銀行が行なっている融資業務に参入したいと考えるようになります。こうした思惑が交錯し、かつ金融自由化の流れに乗って、一気に異なる金融業態の融合の動きが一気に顕在化してきたのです。

◆銀行は証券会社よりも優遇されてきた

とはいえ、現時点における動きを見る限り、異業種分野への参入は銀行が他の分野に進出しているという傾向が、より顕著です。

銀行はすでに、投資信託や保険商品の窓口販売を行なっており、さらに証券仲介業務が認められたことによって、外国債券や普通社債の取扱いも可能になりました。でも、証券会社や保険会社が預金や融資を扱うことは、今のところは認められていません。

過去10年以上の歴史を見ても、やはり銀行が別格扱いされてきたことがわかります。

たとえば１９９７年４月に生命保険会社の日産生命が倒産した時、年金保険など貯蓄型の保険商品を持っていた顧客は、かなりの損失を被ることになりました。しかし、銀行については、北海道拓殖銀行や日本長期信用銀行が破綻した時、顧客はいっさい損をしていないのです。

業界知識ミニ解説 **【投資信託】**不特定多数の投資家から資金を集めてファンドを組成し、さまざまな株式や債券などに投資して、その損益をファンドの保有者で分け合う仕組みを持つ投資商品。1万円程度から購入できる。

つまり銀行だけは、国策として守る必要のある金融機関でした。

90年代を通じて、日本では「金融システム不安」という言葉が日々、マスコミをにぎわせましたが、ここで言う「金融システム」とは、あくまでも銀行のことを指すのであって、証券会社も保険会社もそこには含まれていなかったのです。その銀行が、この10年で本格的に証券分野に参入してきたというのは、やはり大きな動きです。

◆銀行の強みは顧客資産を把握していること

何と言っても銀行は、顧客資産のコアになる部分を握っているという強みがあります。

たとえば証券会社の営業担当者が顧客のもとを訪ねた時、顧客から「今、お金がないから投資できないのだよ」と断られることはよくある話ですが、銀行の場合、この手の断り方は非常に難しいのです。なぜなら、銀行には「預金」という形で、顧客が自分の資産の多くを預けているからです。

つまり銀行は、こと個人営業という点でいえば、相手の懐具合が把握できるという点で、証券会社よりもはるかに優位に立っているといえるでしょう。

◆身軽さが強みの証券会社

さて、この金融業界の競争のなかで、どこが最終的に勝ち残るのでしょうか。

現在のところ、どの業態が生き残るのかという業態単位の競争なのか、それとも会社単位の競争なのかも、まだ明確には見えていませんが、そのなかで証券業界の一番の強みは、何といっても身軽であるということです。

たとえば店舗ひとつを取っても、銀行や保険会社は自社ビルを構えているケースが多いのですが、証券会社の場合は、自社ビルよりも賃貸ビルで対応するケースが多いようです。また、何よりも、預金と貸出を莫大な額で抱える銀行よりも、バランスシートが身軽なので、状況変化に応じたポジションを取りやすい。

また、証券会社は銀行に比べると資金量が乏しいため、融資業務のように直接、資金を貸し出すというビジネスでは主導権を取り難いのですが、証券関連の業務は実に多岐にわたっています。投資信託を運用する投資信託会社や投資顧問会社、ベンチャー企業に投資するベンチャーキャピタル、倒産しそうな企業に投資して再生を目指す再生ファンドなど、挙げればキリがないほどです。加えて証券ビジネスの裾野は、まだまだ拡大局面にあります。

顧客基盤や資本力では銀行に劣る面のある証券会社ですが、時代が求めるものをビジネスとして提示していく力は、銀行に勝るとも劣りません。個別の証券会社で見れば、生き残るところと消え去るところが明確に分かれてくるでしょうが、証券業界自体はしぶとく生き残っていくように思えます。

証券仲介業は根付くか？

POINT
証券仲介制度により、証券営業の裾野の拡大と営業の活性化が見込まれるが、同時に営業マンには強い倫理観が求められそうだ。

◆証券仲介業とは

２００４年４月１日に施行された「証券仲介業制度の創設等に係る改正証券取引法」によってスタートしたのが、証券仲介業制度です。

法律名を見ただけだと、何やら難しい制度のようにも思えますが、要は金融機関ではなくとも、株式や投資信託といった有価証券販売の仲介業務が営めるようになったということです。法人ではなく、個人でも証券仲介業を営むことは可能です。ただし、実際に証券仲介業者になるためには、その業務委託を受けるために証券会社と契約する必要があります。この契約が締結されたら、その証券会社が扱っている有価証券の範囲内で、顧客と証券会社の取引をつなぐ仲介業務を営むことができるのです。

恐らく、新卒で証券会社に入社して、すぐに証券仲介業者になるという人はいないでしょう。基本的にはファイナンシャルプランナーの資格を持っている人や税理士、保険代理店を営んでいる人が、自分の顧客に対して提供するサービスを拡充するために、この分野に乗り出すというケースが一般的になると思われます。

◆ファミリービジネスとして営むことも可能

今の段階では、このビジネスがどこまで大きくなるかは何とも言えません。ただ、証券仲介業が解禁されたことによって、個人営業を行なっている証券セールス担当者には、新しい道が開けたと考えることもできます。

これまで証券会社のセールス担当者といえば、「どぶ板を踏んで営業する」などと言われたように、大変そうなイメージばかりが先行しがちでしたが、お金の運用についてアドバイスできるスキルがあり、かつ自分についてきてくれる顧客を持つことができれば、いつでも独立して経営者になることができるのです。証券業全般に言えることですが、個人としての証券マンにとって最大の強みであり、財産は、自分を信頼してくれる顧客です。これまでにも、顧客を持っている証券マンは社内の出世でも、転職でも大変有利だったのですが、これに加えて、独立という選択肢も加わった、ということなのです。

しかも、証券仲介業を推進しているある某証券会社の経営者によると、独立した証券仲介業者には、顧客の世襲も認めるといいます。つまり、ファミリービジネスとして、証券仲介業を営むこともできるのです。恐らく、将来的には証券会社から独立して、証券仲介業を営む人が多数出てくるでしょうし、逆にファイナンシャルプランナーと称される人たちのなかから、証券仲介業の形で証券ビジネスの世界に入ってくる人も出てくるでしょう。

業界知識ミニ解説 **【どぶ板営業】**かつて証券会社の担当者は、どぶ板を踏むように一軒一軒、客先を訪問して、売買注文を取って歩いた。最近はネット取引が主流で、この手の営業スタイルはなくなりつつある。

ファイナンシャルプランナーの資格を持っている人口が30万人を超えていますから、この分野のビジネスが注目されるようになると、かなり規模の大きなビジネスになる可能性を秘めています。さらに、税理士や会計士なども参入してくることでしょう。

◆強い倫理観が求められる証券仲介業

ただ、一方では非常に強い職業倫理が求められます。証券仲介業に何が期待されているのかと言うと、やはり顧客に対して「顧客の立場から」良い資産運用アドバイスがなされ、その結果、満足のいく運用成果を享受してもらうことです。

しかし、たとえば顧客にどんどん売買を繰り返してもらえれば、それだけ証券仲介業者に手数料がたくさん落ちることになります。目先の利益を追い求めて顧客に投資信託の短期間での乗り換えなどを強要してしまう証券仲介業者が出てこないとも限らないのです。

顧客の側から証券仲介業者を見た場合、最良の友人になることもあれば、最悪の貧乏神になる恐れもあるということです。

証券仲介業者の質をどう高めて維持していくか、また、証券仲介業者の質の差を、どう評価し、顧客に伝えてゆくのか、ということは、行政にとっても証券業界にとっても大きな課題だといえます。

手数料はどこまで下がるのか？

◆手数料率はひところに比べ20分の1程度に

今は出来高こそバブルの頃に比べてはるかに増えていますが、恐らく株式取引によって得られる利益は、かなり乏しくなっているはずです。株式委託手数料の自由化によってネット証券会社が増え、個人の株式取引もその多くが、ネット証券会社経由にシフトしていきました。今では、１００万円の取引が成立したところで、そこから得られる手数料は５００円程度です。固定手数料制の頃は、同じ金額の取引で1万円程度の手数料が証券会社に落ちたことを考えると、信じられないような低価格になっているわけです。

もちろん、手数料がどんどん下がっても、ネット証券会社であればシステムが作動して取引を成立させるので、たとえば1回の取引につき５００円程度の手数料しか落ちなかったとしても、取引回数が増えれば儲かるということが考えられます。

しかし、対面取引をメインにしている証券会社の場合だと、証券セールス担当者の給料も高いため、さらに手数料が下がると、株式取引では利益が得られなくなってしまいます。

POINT

株式委託手数料の自由化により、証券会社の手数料収入は激減。証券会社の収益源は大きく変化しつつあり、新たな収益源の獲得が求められている。

業界知識ミニ解説

【変額年金保険】保険商品の一種だが、将来、受け取る年金については、運用成果に応じて変動するというもの。一般的に、投資信託を通じて運用される。

◆「株屋」の株離れが起きている

その結果、どのような現象が生じているのでしょうか。

ひとつは、証券セールス担当者の株離れ現象です。かつて「株屋」と呼ばれた人たちが株離れになっている。変な話ですが、これは事実です。そして、彼らが何を販売しているのかといえば、投資信託であったり、変額年金保険だったりするのです。というのも、いずれの商品もまだ、(今の段階では)多くの手数料を取ることができるからです。今や、若手の証券セールス担当者のなかには、株式の銘柄をろくに知らないという人も出てきています。

もうひとつの現象は、手数料のトレーディング益化です。トレーディング益とは、証券会社の自己勘定の取引による利益のことです。顧客の売買を上手に利用して、トレーディング益を稼がないと十分な利益が得られなくなってきたのです。

もちろん、トレーディング益を確保するためには、それなりのトレーディング技術が必要になります。固定手数料の時代であれば、大きな金額で取引が行なわれれば、それだけで多額の手数料収入を得ることができましたが、このトレーディング益は、リスクと背中合わせで収益を稼ぐ形になります。

つまり、株式委託手数料の自由化によって手数料収入が減り、新しい収益源を求めて、証券会社の収益構造が、大きく変化しようとしているのです。

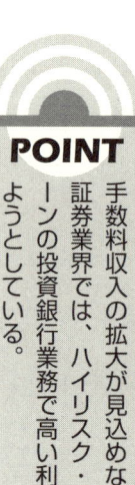

大手証券会社
投資銀行を目指す

POINT
手数料収入の拡大が見込めなくなった証券業界では、ハイリスク・ハイリターンの投資銀行業務で高い利益を上げようとしている。

◆利益率の高い投資銀行業務で収益アップを狙う

株式委託手数料の自由化によって、株式取引では手数料が稼げなくなり、しかも個人投資家の株取引は、その大半がネット証券会社にさらわれてしまいました。そうなると、大手証券会社としては、他に大きく儲けることのできる先を見つけなければなりません。高い人件費を賄えるようにするため、利益率の高い仕事に向かわざるを得ないのです。その有力な方向のひとつとして、投資銀行業務への参入が浮上しました。

投資銀行とは、英語の「インベストメント・バンク」という言葉を翻訳しただけですが、日本の大手証券会社は、自らのビジネスを投資銀行業務と位置づけたがる傾向が顕著に見られます。ただ、何をもって投資銀行業務と言うのか、今ひとつ明確になっていない部分もあります。あえて特色を探すと、証券会社が自らの資本をも使う形で、利益を得るところにあります。つまり、企業に自らの資本を注入し、その企業が儲かるようになった時には、株式の値上がり益や配当金で稼ぐというのが代表的なパターンです。加えて、M&Aの仲介のような企業の資本政策に関わ

ミニ解説 業界知識【資本】会社経営の元になる資金のこと。資本金ともいう。会社は資本金と借入れによって運転資金を作り、それで資産を購入するなどして、経営が行なわれる。

るサービス業務も含まれます。

◆投資銀行業務はハイリスク・ハイリターン

株式委託手数料で儲けられた時代は、証券会社は自分の資本を使うことなく、人のお金を右から左に動かすだけでブローカーとして利益を確保できました。

しかし、自分たちの資本を使うとなれば、話は大きく違ってきます。投資先が経営破綻に陥ると、その投資先に注入した資金は回収できなくなる恐れが生じてきますし、破綻とまではいかなくとも、投資先企業の株価が下落すれば、値下がり損を被ることになります。

その代わり、期待されるリターンは非常に大きなものになります。売買代金に対して、1％未満の手数料を細かく稼ぐ商売を続けるよりも、投資銀行業務であれば、投資先企業のビジネスが軌道に乗れば、株価が大きく値上がりし、大きなリターンを享受できるかも知れないのです。

ただし、投資銀行業務を強化したがっているのは、主に、大手証券と、銀行系列の証券会社など資本力のある会社です。投資銀行業務は自らの資本を注入するので、その投資が失敗すれば、大きな損失を被る恐れがあるからです。

そのようなリスクに直面した時、自らが倒れないためには、やはり資本力が必要になります。大手証券会社であれば、ある程度の資本力があってリスクを取ることができ、しかも高度な投資やリスク管理のためのノウハウも持っていますが、これは投資銀行業務に関わっていく上で必須の条件といえます。

迷走する準大手証券会社

POINT
準大手クラスの証券会社は手数料収入が大きく減少。この打開策と目される投資銀行業務に踏み切ることができず、厳しい状況に置かれている。

◆準大手証券が「ミニ野村」と評されるワケ

大手証券会社であれば、まだ資本力があるので、投資銀行業務に打って出ることができます。しかし、その下に位置する準大手証券会社の場合は、どうでしょうか。正直なところ、今、最も相対的に厳しい経営環境に置かれているのが、準大手と呼ばれる証券会社です。思うに、この原因は今の環境のせいばかりではありません。準大手クラスの証券会社はバブルのピークの頃も、結局は「ミニ野村」であって、自ら独自性を創ってこなかったところに大きな問題があったといえます。

「ミニ野村」とは、業界最大手の野村證券がとる戦略を、自社のビジネス規模とノウハウのレベルに合わせて、ダウンサイジングして真似するような主体性の乏しい経営を揶揄する言葉でした。

それでも、株式の委託手数料が高く、出来高もそれなりにあった時代であれば、経営を続けていくことはできましたが、今は非常に経営環境が厳しくなっています。株式の委託手数料は下がる一方で、ネット証券に個人顧客を持っていかれている時代です。準大手証券会社の多くはまだ

業界知識ミニ解説
【証券会社の人件費率】人件費率が高くなれば、会社経営上の収益は生み出しにくくなる。かつての証券会社は対面取引が中心で、人件費率も高くならざるを得なかったが、最近はネット化が進み低下傾向。

対面取引を中心にしているため、ネット証券会社のように株式委託手数料を下げることができず、かといって大手証券会社ほどに資本力がありませんから、投資銀行業務への本格参入に踏み切ることもできません。実に中途半端な状態にあるのです。

ただ、そうはいってもまだ準大手クラスの証券会社は、何とか生き残って経営を続けているところも少なくありません。なぜ、これだけ厳しい環境のなかでも生き残っているのかといえば、証券会社はそもそも大きな設備投資を必要とする業種ではなく、銀行のように、預金や融資によってバランスシートが大きく膨らむわけでもない。したがって、不調の時には人件費を計画的に引き下げていくことで、何とか延命を図ることができるのです。

◆準大手証券に求められる構造改革

しかし、準大手証券会社は、大手証券会社ともネット証券会社とも競争しにくい構造にあるだけに、厳しい状況に置かれていることに変わりはありません。もし、これから準大手証券会社への入社を考えているのであれば、その証券会社がどのような特徴を持っており、それは将来性があるものなのかどうかということを、しっかりと吟味する必要があります。

もちろん、証券業界は儲かる商売の内容がどんどん移り変わっていく世界でもありますから、今は厳しい環境にある準大手証券会社でも、いつか脚光を浴びる日が来るかも知れません。でも、少なくとも全ての準大手証券がそうなるのではなさそうです。

外資系証券会社の実態は？

POINT

外資系証券会社は、経営資源を特定のビジネスに集中投下するのが特徴。人間関係はドライではなく、むしろドロドロとしている。

◆経営資源を儲かる分野に集中投下

学生の間でも、外資系証券会社の人気が非常に高まっていると聞きます。昔は、「いつクビが飛ぶかわからない」などと言われ、敬遠されていたことを考えると、まさに隔世の感があります。

外資系証券会社が脚光を浴びるようになったのは、90年代のバブル崩壊の前後からです。日本の証券会社が経営難に苦しんでいる最中に、非常に大きな利益をたたき出したことが、経営の強さというイメージにつながり、注目度が増しました。なぜ、没落する日本の証券会社を尻目に、外資系証券会社は大きな利益を上げたのでしょうか。それは、一言でいえば、経営システムが優れていたからです。外資系証券会社の経営スタイルが、証券ビジネスに適していました。

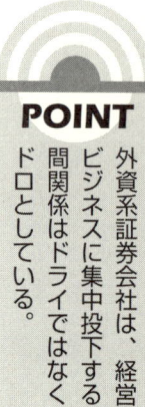

多くの方がご存知のように、外資系証券会社は実力主義的な人事を行ないます。もちろん終身雇用などという考えはありません。そして、これから儲かると思われるビジネス分野に、経営資源を集中させる傾向が顕著に見られます。

たとえば、これからデリバティブが儲かりそうだということになれば、自分たちの会社で一か

業界知識ミニ解説 **【ヘッドハンティング】**首狩などと物騒な言葉だが、要は人材引き抜きのこと。ヘッドハンターと呼ばれる専門家が、企業からの要請で適切な人材を探し、条件が合えば引き抜きを行なう。

らデリバティブの専門家を養成するのではなく、他の会社に所属するデリバティブの専門家を、高給で引き抜くのです。なかにはチームごとまとめてヘッドハンティングする外資系証券会社もあります。

その代わり、そのビジネス分野の先行きが期待できないということになると、あっという間にクビが飛びます。「日本株ビジネスは儲からなくなったから、日本株チームは解散します。私物は後から自宅に送るので、そのまま出て行きなさい」という具合です。

就職先としてはリスクが高いだけに、新卒採用で入ったとしても、最初の年からかなり高い給料をもらうことができます。初任給が年600万円でボーナスがちょっと。そして3年目くらいからは、そこそこ順調に来れば年収2000万円くらいは十分射程圏という感じです。ただ、運悪く配属されたセクションが解散されたり、会社そのものが撤退したりということになると、入社1年目で再び就職活動しなければならない状況に陥ることもあるのです。

◆実は、ドロドロの人間関係

外資系企業というと、ドライな人間関係をイメージする人も多いでしょう。でも、実際のところはむしろ逆で、仲間意識や派閥関係は、日本企業よりももっと色濃く出ます。というのも、ビジネス上の競争に負けた場合、その先に待っているのはクビですから、勢いドロドロした人間関係が形成されることになるのです。外面は国際企業でも、内面はドロドロの中小企業というのが、案外、外資系証券の本当の姿だったりするのです。

今、注目の証券化ビジネスとは？

証券会社の業務は、株式や債券のトレーディング、セールス、引受など多岐にわたっていますが、なかでも将来、高い成長が期待されるのが、債権の証券化ビジネスです。

これまで「証券」という場合は、株式や債券など金銭的なものを証書の形にするのが一般的でした。でも、実際のところは、もっと幅広い分野で証券化が可能になってきました。

◆自動車ローンの証券化のしくみ

自動車ローンの証券化などは、その代表的なところでしょう。皆さんのなかにも、自動車を持っていて、毎月ローンをクレジット会社などに払っている人もいるかと思います。そのローン債権（ローンを受け取る権利）を証券化するのです。

仮に、1人あたり100万円の自動車ローンを10人分集めると、合計で1000万円の自動車ローンがまとまります。このように、ローン債権をひとまとめにしてから、その債権を海外に設立した特別目的会社（SPC）に譲渡します。そして、そのSPCが、譲り渡された債権を担保にして、額面1000万円相当の有価証券を発行する、という流れです。もちろん、この有価証

POINT

証券会社のなかで将来有望なビジネスといえば自動車ローンなどの債権の証券化である。一定のキャッシュフローさえあれば、商品化が可能である。

ミニ業界知識解説
【特別目的会社】SPCともいう。特定の資産を担保にした証券を発行する場合など、限定された目的のために設立された会社のこと。多くはケイマンなどのタックスヘイブンに会社登記が行なわれる。

券は債券にもなりますし、それ以外の種類の有価証券として、市場で流通することもあります。

この仕組みを用いると、最初に自動車ローン債権を抱えていた会社から、その債権が切り離される形になります。最近は、資産を圧縮したいという会社が増えているだけに、別会社を作って、そこに資産を移すことができる仕組みは、大歓迎されるのです。

次に、まとまった自動車ローン債権の譲渡を受けたＳＰＣは、みずから有価証券を発行することによって、それを多数の投資家に販売します。ここでは債券を発行したことにしましょう。債券の場合、当然のことながら定期的な金利支払いが発生します。この金利については、自動車ローンを借りている人からＳＰＣが金利を受け取る流れになるため、その受け取った金利を、このＳＰＣが債券を購入した投資家に支払う形になります。

◆キャッシュフローがあれば何でも証券化が可能

さて、ここでは自動車ローンを例に説明しましたが、実は証券化については、自動車ローン債権だけではなく、とにかくキャッシュフローさえあれば、どのようなものも証券化の対象になります。医療債権もそのひとつです。これは、医者が持っている健康保険の請求ができる権利をひとまとめにして、債券などの有価証券の形に仕立て上げたものです。

極端な話かも知れませんが、キャッシュフローが得られるという点では、給与所得者の方々がもらっている給料さえも、証券化ビジネスの対象として考えることができます。今後の広がりを考慮すれば、証券会社のビジネスのなかでも、比較的将来性の有望なもののひとつともいえるでしょう。

証券ビジネスの本質

POINT

金融業はさまざまな情報を正確に解釈するという点で、情報処理産業と言える。そのなかで証券業は世の中の資源配分に寄与するビジネスである。

債権の証券化ではありませんが、証券の対象はどんどん広がっていきます。証券市場を分解して考えれば、まず企業などが資金調達を行なう場があり、次に資金調達した後に、株式や債券の形になったその債権を流通させる場がある。そして、流通市場で取引されている証券を売買することによって利益を上げる運用ビジネスがあります。

しかも、証券化ビジネスはさまざまな分野を対象にしていますから、やはり証券業界の役割は、今後もどんどん拡大していくと思われます。

では、証券業界は社会的にどのような役割を果たしているのでしょうか。

◆金融業の情報処理産業的な側面とは

まず金融業界について考えると、「金融業」はある意味、情報処理産業であると考えることができます。たとえばお金を貸すという行為について考えてみましょう。この場合、誰がその人にお金を貸せるのかという問題が浮上してきます。

もし、知らない人が「お金を借りたい」と言ってきた場合、当然、相手のことを知らないわけですから、リスクを考慮して、たとえば15％の金利でなければ貸せないということになるでしょうし、よく知っている人がお金を借りたいと申し込んできた場合は、ひょっとしたら8％で貸せるかも知れません。

つまり、金融取引の世界において、たとえば株式を取引するのであれば、企業の価値を絶えず把握していることが、最終的に儲けることにつながってきます。逆に、正しく把握できない人は、この世界で生き残っていくことができません。このように、情報を絶えず正確に解釈していくことが、利益の源泉になるという意味において、金融業はまさに情報処理産業といえるのです。

しかも、これまで金融業といえば間接金融が中心でしたが、これからは直接金融へとシフトしていきます。株式投資などは、株式とともにリスクも取引するため、ゲームそのものが相当に複雑化・高度化しています。そこに関わるビジネスを行なうわけですから、証券業界の役割は、今後も重要性を増してくるはずです。

◆証券業界の社会的な役割

より大風呂敷を広げるならば、証券業界は世の中の適切な資源配分に寄与していると言うこともできます。ビジネスの内容、企業の将来性、あるいはプロジェクトの成否を正しく解釈して、適切な条件でお金を流す、その一端に関わっているのが証券業界なのです。その意味では、十分に社会的な意味を持つビジネスであり、特にお金を稼ぎたいと考えている人にとっては、非常にチャレンジしがいのある仕事と言うこともできるのです。

Column

証券会社の特色は変化の早さ

私は、これまでの職歴中に証券会社を４社経験している。

最初は米国系のメリルリンチ証券（1994年～1995年）だった。４人のチームを売り込んで採用して貰った。デリバティブなど外からは一見高級そうに見えるビジネスが、技術的には案外素朴で、一方、法律や倫理に対してはスレスレのものであることなど、外資系証券の感心できない面を見た。だが、全社を挙げた旺盛な金銭欲、「稼いだ者が貰う」原理の貫徹、それに仕事のスピード感には、爽やかな一貫性を感じた。著者がイメージする証券会社像の原型でもある。

次のパリバ証券（1995年）は欧州系の外資系証券だったが、欧州系のゆったりした社風が、グローバルな競争上否応なく米国系のように変貌してゆく時期だった。今では、欧州系と米国系の社風の差はかつてほど大きくない。

三社目の山一證券（1996年～1997年）では、あの自主廃業を経験したが、かつての日本の大企業式の終身雇用・年功序列・中央集権的人事などが証券業には馴染まないことがよく理解できた。いまでは、傾向として日本の証券会社も「米系化」している。

現在の勤務先は楽天証券（2005年～）だ。ネット証券なので、証券会社なのにオフィスが妙に静かだが、昨今の市場の活況も手伝って、新しい部署（したがって新しい業務）と人がどんどん増えている。他社も含めて、ネット証券の業務内容と従って社風はまだまだ流動的である。

良くも悪くも変化が早いことが証券会社の特色だ。

（山崎元）

第2章

証券会社ってこんなところ

■証券会社はこんな仕事をしている
■儲けの構造はこうなっている
■外資系証券会社と国内証券会社の違いとは？
■証券アナリストのお仕事
■トレーダーはギャンブラー？
■どぶ板営業もいまは昔？
■激化するＩＰＯ戦争
■資産運用ビジネス最前線

証券会社はこんな仕事をしている

POINT
証券会社の業務は大まかに3つに分かれる。企業の資金調達の支援、投資家と証券市場をつなぐ仲介、そして投資家の資産運用である。

◆企業の資金調達の支援と有価証券売買の仲介が本業

証券会社の業務内容は、おおまかに言うと3つの分野があります。

ひとつはプライマリー・マーケット、つまり発行市場の仕事。たとえば、企業が株式を発行して資金調達を行なうのを手伝うというものです。

株式にせよ債券にせよ、企業が有価証券の発行によって資金調達を行なう場合、基本的に発行した有価証券を証券市場に上場することによって、有利かつ効率的に資金調達ができるようになります。証券会社は、こうした有価証券の上場を手伝うことによって、手数料を得ています。

次に、セカンダリー・マーケットでの仕事。セカンダリー・マーケットとは「流通市場」とも言いますが、要は、上場された株式や債券の売買を仲介するビジネスです。

株式をはじめとする有価証券は、証券取引所に上場するだけでは満足のいく資金調達を行なうことができません。たとえば株式の場合、企業の側から見れば、利益の配当などはあっても、基本的に投資家に返済する義務のない資金を調達する目的で発行します。しかし、投資家側から見

業界知識ミニ解説 【投資顧問】法人投資家の資産を運用するのが投資顧問業務。かつては、投資信託業務と区別され、運用会社も分けられていたが、最近は同じ運用会社で両方の業務を行なうケースが増えている。

れば、株式を購入したとしても、それを第三者に転売できなければ、株式投資によってリターンを得るにあたっては不便です。配当はともかく、元本部分を換金するためには、基本的にその有価証券を売却する必要があります。

セカンダリー・マーケットの仕事は、さまざまな思惑を持って有価証券投資を行なおうとしている投資家と、証券市場をつなぐ役割を果たしています。たとえば、投資家が証券会社に「トヨタ自動車を1万株買ってくれ」という注文を出した場合、その注文を証券会社が受けて、証券取引所に投資家の買い注文をつなぐのです。この仲介手数料がセカンダリー・マーケットにおけるビジネスの収益源になります。

◆注目される資産運用ビジネス

証券ビジネスの本業という意味では、プライマリーとセカンダリーに関わる部分が主軸になります。そして、三本目の柱として注目されるのが、資産運用ビジネスです。

プライマリーにしてもセカンダリーにしても、ビジネスの内容は、有価証券を投資家に販売することによって成り立っています。有価証券を「売る」という意味で、証券金融業界では、このジャンルのビジネスを「セルサイド」などとも言います。

これに対して資産運用ビジネスは、投資家から集めた資金で株式や債券を購入し、運用するということから、「バイサイド」と呼ばれます。投資信託運用会社や投資顧問などが、このビジネス分野の主なプレーヤーであり、証券会社はこうした会社をグループに抱えています。

儲けの構造はこうなっている

POINT

株式の仲介手数料の自由化を受け、証券会社の収益構造は大きく変化しており、証券会社は顧客の資産運用ビジネスにシフトしつつある。

証券会社の収益構造は、大きく分けて2つあります。ひとつは有価証券の売買を仲介したり、あるいは上場のお手伝いをしたりすることによって手数料をもらうこと。もうひとつは利ざやを稼いだり、トレーディング収益を稼いだりすることです。

◆わが国の株式仲介手数料は先進国のなかでも最低水準

このうち、近年において大きく環境が変わってきたのが手数料収益です。ご存知かと思いますが、96年に橋本内閣が提唱した金融ビッグバンによって、株式の仲介手数料が99年に完全自由化されました。それまでは固定手数料制が取られており、どの証券会社で注文を出しても同じ手数料率が適用されていましたが、完全自由化されたことによって、証券会社によって手数料率が異なるという状況になってきたのです。

特にこの完全自由化にともなって登場してきたネット証券会社によって、株式の仲介手数料は先進諸国のなかでも最低水準にまで下がってきました。これまで、手数料収入を大きな収益源としてきた証券会社にとって、これは激変ともいうべき環境変化です。

つまり、かつてのように株式の売買を仲介しても、証券会社にとっては大したうまみが無くなったということです。その結果、少しでも手数料を取り易い投資信託や、外国債券をはじめとする債券の売買を仲介することによって、手数料を稼ぐケースが増えてきました。今や、株式の売買を経験したことのない若手証券マンがいることは、すでに説明したとおりです。

株式の仲介手数料だけでは食べていくことができなくなった証券会社は、新しい収益源として、トレーディングで稼ぐという方向に傾いてきました。証券会社自身の資金で株式や債券を売買することで売買益を稼いでいるのです。最近は、歩合トレーダーを雇って、そのトレーダーが上げた利益の一部を報酬として渡し、残りは証券会社の利益にするという、これまではあまり見られなかった収益構造を持つ証券会社も、少しずつではありますが増えています。

しかし、トレーディング収益で食べていくことは、非常に難しいのも事実です。いくら優れたトレーダーでも、常に勝ち続けることはできません。やはり浮き沈みがあります。そこで、何とか安定収益を稼ぎたいということで登場してきたのが、資産残高営業と呼ばれる営業スタイルです。

◆株式仲介手数料に替わる期待の金融商品

同じ証券営業でも、株式をはじめとする有価証券の売買回転を増して、仲介手数料というフローの収益に頼って利益を上げるのではなく、一人の顧客から預かる資産残高を増やすことによって、そこから発生する手数料で利益を上げようという考え方です。

たとえば投資信託を販売した場合、それによって販売手数料が得られますが、加えて信託報酬のなかから代行手数料という名目で、たとえば年率０・８％程度のキックバックが定期的に証券会社に入ってくるのです。この手のストックから生じる収益を増やしていけば、株式の仲介手数料が下がったとしても、それによる収益源をカバーできるという狙いがありますし、ストックからの収入は割合安定的です。

こうした流れを受けて証券会社が力を入れ始めているものの一つに、通称「日本版４０１Ｋプラン」、正式には「確定拠出年金」と呼ばれるビジネスがあります。

これは、証券会社系の運営管理機関が企業と契約を結び、その企業の従業員が掛けている企業年金の管理を行なうというものです。同時に同じグループ内の投資信託運用会社の商品が提供されることが一般的です。確定拠出年金を通じて預かり資産を増やしていけば、管理報酬を安定的に得ることができます。今の段階では、まだそれほど大きな規模にはなっていませんが、確定拠出年金は積み立てによって資産残高が安定的に増えていくものなので、10年後、20年後を見た場合、証券会社にとっては非常に大きな収益源に育つ可能性があります。

ところで、証券会社の儲けの構造を考える場合、ひとつ忘れてはならないのは、花形とみなされる稼ぎ頭、つまり儲かるビジネス分野は、常に変わっていくということです。

たとえば80年代の後半は外債投資がブームとなり外国債券のビジネスが儲かったり、バブルの頃は日本株のセールスが儲かったりしました。90年代はデリバティブ（金融派生商品）の時代でした。また、個人向けのビジネスを見ても、中国株がブームになったり、あるいはインド株がブームになったりなど、儲かるビジネス分野が、常にめまぐるしく変化しています。

これは証券会社の特色のひとつでもあるのですが、何かひとつ儲かりそうなビジネスアイデアがあると、多くの証券会社がこぞって同じビジネス分野に参入してしまい、最終的には競争が激化して、儲からないビジネスになってしまうということがあるのです。

このような業界に身を置くに際して、自分の身をどう処すればいいのかという問題があります。ブームを追いかけて、たとえば中国株ブームであれば中国株の専門家に、M&Aがブームの時はM&Aの専門家になどと、自分の専門分野をころころ変えていくのは、基本的に不可能です。したがって、まずはどの分野でもいいので、ひとつ何か、誰にも絶対に負けないという専門性を持つことが肝心です。これは、証券ビジネスの世界で生きていこうと思った場合、絶対に必要になる要素のひとつです。

専門性を早めに身に付けることができるというのは、証券会社に勤務するメリットのひとつでしょう。このメリットを生かすには、まずは、自分が関わっているビジネス分野において誰にも負けないものを持つように努力し、チャンスが到来した時に、それを逃さないようにすることです。流行り廃りはあっても、本物のプロは残ってゆく業界ですし、時間が経ってからブームが再来することもよくあります。

外資系証券会社と国内証券会社の違いとは？

POINT
外資系証券会社は、人材の固定化を行なわないなどの特徴を持つ。高収益分野に経営資源を集中投下するなどして、90年代に急成長してきた。

◆外資系証券の特徴と強さの秘訣

外資系証券会社が、国内証券会社と大きく異なる点は、主に次のようなものがあります。

①個人投資家を対象とするリテール部門を持っていない。②あまり儲からないビジネスには人を配さない。③人材の固定化を行なわない。

90年代を通じて、日本国内では外資系証券会社の強さが際立っていました。バブル崩壊で株式市場の出来高が急減するなか、手数料収入の激減で経営が苦しくなった国内証券会社を尻目に、外資系証券会社は相対的に儲け続けていったのです。同じ日本国内でビジネスをしているのに、どうして外資系証券会社が利益を上げ続けられたのかというと、要は儲かる分野に特化してビジネスを展開していたことと、米国や欧州で流行ったビジネスをいち早く日本国内に持ち込むことができたといったことが考えられます。

たとえば90年代を通じて、デリバティブという金融取引が一気に市場を拡大しました。今では国内証券会社も体制を築き、外資系証券会社と同じようにデリバティブをビジネスとして展開していますが、デリバティブが注目を集めた当初は、やはり経験値の高さで外資系証券会社のほうが勝っていました。デリバティブに限らず、外資系証券会社は、商品をいかにして市場にプレースしていくか、リスク管理はどうするか、人材のトレーニングをどうするかといったノウハウを日本国内にいち早く持ち込むとともに、しかも集中的に儲かる部分だけを攻めていきました。その結果、国内系証券会社は外資系証券会社の後塵を拝したのです。

加えて、もともと証券会社の人件費は、毎月の給料という固定部分が少なく、ボーナスという変動部分が大きいため、会社が儲かっている時はボーナスが大幅にアップして年収全体が増えるものの、逆に儲からなかったり、赤字が生じていたりする場合は、ボーナスが大幅に減らされて年収がダウンします。これは国内証券会社も同じですが、外資系証券会社の場合、これに「解雇」が加わります。また、逆に必要な人材は、他社から引き抜くこともよくあります。つまり、青天井で収入が増える可能性がある一方、解雇されるリスクもあるのです。

証券ビジネスの世界では、常に儲かり続けるビジネスはないということを、前項で説明しました。たとえば今は証券化ビジネスが稼ぎ頭でも、これが3年、5年と続くことは考えにくいのです。人をすぐに入れ替えることができる外資系証券会社の人事システムのほうが、より証券ビジネスに適しているといえるでしょう。それが、国内証券会社に対して、外資系証券会社が優位に立った理由です。もっとも、最近は国内証券会社も、外資系証券会社と同様の実力主義を導入しており、勤め先という意味では、外資系と国内系の差は縮む傾向にあるといえます。

証券アナリストのお仕事

POINT

証券アナリストは株式や債券などの証券の価値を分析するのが主な仕事。投資家に証券の売買判断情報を提供している。

◆証券アナリストは投資家に情報を提供する分析屋

株式や債券など、証券の価値を分析するのが、証券アナリストの仕事です。

証券の価値を分析するためには、その証券を発行している企業のビジネスの実態を把握する必要があります。

証券アナリストは通常各人、自分の専門分野があります。自動車、家電、鉄鋼、造船といったように、業種別に専門分野が決められており、その業種に属している企業を集中的にリサーチし、その結果をレポートにまとめて公表します。

レポートの提供先は、信託銀行、生命保険会社、投資顧問会社など株式の売買を業務の一環として行なっている機関投資家がメインです。また最近は、ネット証券を通じて個人投資家の株取引が活発になってきたことから、個人投資家向けにレポートを作成している証券アナリストもいます。証券アナリストは、こうした投資家に対して、たとえばトヨタ自動車の株式が５０００円なら高いか安いかといった判断材料を提供しているのです。

業界知識ミニ解説 **【キャピタルゲイン】**株式や債券などの値上がり益のこと。逆に値下がり損のことをキャピタルロスという。また、債券の利金や株式の配当金などはインカムゲインと呼ばれる。

証券アナリストは証券会社で、直接収益を稼ぎ出しているわけではありません。セールス担当者であれば、顧客に株式や債券、投資信託を販売することによって手数料収入を得ますし、トレーダーなら株式や債券などの有価証券を自己売買することで、売買益を得ます。これに対して証券アナリストは、直接、株式や債券を売買して利益を得たり、あるいは顧客に投資を勧めたりはしません。その代わり、証券アナリストが執筆したレポートは、セールス担当者などを通じて顧客に配られ、顧客がそれを判断して、その証券会社に株式などの売買注文を出してくれます。つまり、証券アナリストが提供した情報をベースにして、顧客が取引してくれるのです。つまり、間接的ながらも、株式などの手数料収益によって、証券アナリストは収益に貢献していると考えることができます。

◆専門化する証券アナリストの仕事

証券アナリストのステータスは、年々向上しています。かつて証券アナリストといえば、専門の担当分野などはなく、これまで自動車業界を担当していた人が、人事異動で商社を担当するといったことも、頻繁にありました。しかし、最近は前述したように、専門分野が決められています。また、その専門分野で有名になれば、それが証券アナリスト個人の価値として認められるようになり、他の証券会社に転職することが比較的容易です。

ちなみに国家資格ではありませんが証券アナリストは、日本証券アナリスト協会が行なっている通信教育講座を受講して、検定会員の資格を取得するのが一般的です。

トレーダーはギャンブラー？

POINT
証券会社の自己資金で有価証券を売買するのがトレーダーの仕事。ギャンブル的な側面もあるが、市場に流動性を与える重要な役割も果たす。

◆トレーダーの2つの役目

トレーディングというのは、証券会社が自身の資金を使って、株式や債券などの有価証券を売買し、利益を上げることです。そして、この売買を担当するのがトレーダーです。ディーラーとも呼ばれます。

トレーダーは、単に会社の利益確保を目的に有価証券の売買をしているわけではありません。証券市場に一定の流動性を与える役目も果たしています。流動性とは、市場での売り買いの容易さのことです。もし、市場に流動性が無ければ、売り注文や買い注文が成立しなくなります。これでは、市場は機能しません。そこで、自分の利益を得るためとはいえ、トレーダーが有価証券を売買すれば、市場に流動性を与えられます。トレーダーは単なるギャンブラーではなく、マーケット機能を維持するための存在でもあるのです。

◆短期間で大きく稼ぎたい人に向いた職種

証券会社にはトレーダー以外にも、セールス担当者やアナリストなど、さまざまな職種があり

業界知識ミニ解説 **【流動性】**一定量の売り注文、または買い注文が成立するだけの取引があるかどうかを示すもの。流動性に欠けると、売り買いの注文が成立しなくなるだけでなく、価格が乱高下する恐れが生じてくる。

ますが、現在、最も高い報酬を狙える職種の一つが、トレーダーです。直接、マーケットと関わりを持ち、目に見える形で利益を積み上げ、その結果、稼いだ利益の一部をボーナスとして獲得できます。外資系証券会社のなかには、トレーディング益だけで数十億円を稼ぐようなところもありますが、仮に20億円を稼ぐと、ボーナスが1億円を超えることもあるでしょう。

ただ、このようなビッグマネーを稼ぐチャンスがあるとはいっても、翌年、トレーディングで損失を出し、会社の業績が赤字になれば、特に外資系証券会社の場合は、簡単にクビが飛ぶこともあります。そのくらい、厳しい世界であるのも事実です。

また、かつて証券会社のトレーダーといえば、本店勤務のごく一部の人しかなれなかったのですが、最近は徐々に間口が広がっています。中小規模の証券会社で、契約トレーダーといって、稼いだトレーディング益の何パーセントかを報酬として支払うという契約によって、トレーダーを雇う会社もあります。もちろん、高額の報酬が期待できる半面、大変な仕事であるのも事実です。常に儲かり続けることができる保証はなく、すべてのトレーダーが儲かるとも限りません。そのなかで長続きするのは、かなり大変なことです。

また、トレーダーは多分に「運」に左右される部分もあり、経験を積んだだけ確実に上達するというものでもありません。マーケットの質が変わった途端に儲からなくなることもあります。その意味では、トレーダーを長続きさせるのは、非常に難しく、短期間で大きく稼ぐという色彩の強い職業といえるでしょう。

どぶ板営業もいまは昔？

POINT
昔ながらの足を使った営業は通用しなくなりつつある証券営業。だが、顧客数の多さが営業マンの強みであることは今も変わりはない。

証券会社の営業といえば、朝早くから夜遅くまで客先を回って注文を取って歩くというイメージが強いと思います。事実、かつては投資信託、債券などのノルマが与えられ、それを消化するために夜遅くまで、あるいは休日返上で客先への訪問を繰り返すというケースが少なくありませんでした。

◆証券営業のスタイルの変化

ただ、最近はスタイルが随分と変わってきています。大きな要因は、何と言ってもネット証券会社が台頭してきたことが挙げられます。ネット証券会社は基本的にセールス担当者を持たず、インターネットを通じて顧客から出された注文を仲介することに特化しています。ホームページに取扱商品の紹介はされていますが、セールス担当者が直接、顧客のもとを訪問して、商品を勧めるといった営業スタイルは、いっさい取っていません。

一方、対面型証券、特に大手証券会社ではプライベートバンキング的な営業スタイルに切り替えようという動きも出てきています。富裕層をターゲットにして、株式の注文を市場につなぐだけでなく、税金の相談なども含めて、トータルな資産運用アドバイスを提供していこうというものです。こうした流れのなかで、かつてのように「頭使わず、足を使って、声が元気」というような、昔ながらの証券セールスは、通用しなくなってきています。

◆証券営業で今も昔も変わらないもの

ただ、セールス担当者として、今も昔も変わらないのは、「お客を持っている者が強い」ということです。これは、どぶ板を踏まなくなったとしても、セールスという名称がプライベートバンキング、あるいはファイナンシャル・アドバイザーというように変わったとしても、セールス担当者が生き抜いていくうえでは、一番重要なことです。つまり、営業の本質は変わらないということです。

近年、証券業界では環境の厳しさから、セールス担当者を解雇する動きも広まりましたが、ここに来て、顧客を持っているセールス担当者が辞めてしまうことの弊害に気付いたところもあります。要するに、セールス担当者が辞めてしまうと、その担当者が持っていた顧客との関係までなくなってしまう恐れが生じてきたのです。

たとえば大和証券では、定年になって退職したセールス担当者を再雇用する制度を作りました。日興コーディアル証券も、同社と契約している証券仲介業者に対して、顧客の世襲を認めています。いずれも顧客をつなぎとめておくための戦略です。その意味では、優良な顧客を持っているセールス担当者であれば、どの証券会社でも十分に食べていくことができるのです。

激化するＩＰＯ戦争

POINT
90年代後半から株式のＩＰＯ（新規公開）が続いているが、株価が下落をたどれば、企業の資金調達は困難になりブームが続くとは限らない。

ＩＰＯとは、Initial Public Offering（新規公開）の略です。企業が発行した株式を、東証やジャスダックといった証券取引所に上場することです。

証券会社の主業務には、プライマリー・マーケットを舞台にするものとセカンダリー・マーケットを舞台にするものとがありますが、ＩＰＯはこのうち前者に含まれます。証券会社のなかでも、ＩＰＯを担当するセクションが、上場を希望している企業を発掘し、上場までのお手伝いをします。当然、その企業が上場にふさわしい内容を持っているのかどうかも審査します。そして、これら一連の作業の見返りとして、上場した企業から手数料を受け取ります。

90年代後半から、ＩＰＯのブームが押し寄せてきています。当時はＩＴブームの真っ盛りで、このタイミングに乗じて、ライブドアや楽天といったネット企業が次々に株式を上場して、大きな成長を遂げたことから、多くの未公開企業が、上場に踏み切るようになりました。

◆ＩＰＯが多く行なわれる時期と行なわれない時期

過去に行なわれたＩＰＯの状況を見ると、かなりの波があることがわかります。ＩＴバブルの時のように、次から次へと新規公開企業が登場し、そのいずれもが初値で高い株価をつけることもあれば、新規上場がまったく行なわれない時期もあります。次から次へと株式の新規公開が行なわれると、株式市場の需給バランスが崩れて、株価が低迷することになるからです。

当然、株価が下落しやすい環境にあると、株式を上場する側の企業も、ちょっと上場は見合わせようかというムードになってきます。なぜなら、初値で高い株価がつくような環境のほうが、公開価格を高く設定して、多くの資金を調達することができるからです。そのため、株価が下落基調に入ると、新規公開企業の数が一気に減少してしまうのです。

その意味では、プライマリー・マーケットが堅調かどうかは、セカンダリー・マーケットの状況と表裏一体ということになります。一見、両マーケットの機能は異なるようですが、そのいずれかのコンディションが変化すると、もう一方の市場環境も影響を受けるのです。セカンダリー・マーケットの環境が悪化すれば、プライマリー・マーケットで新規公開しようとする企業の数が減りますし、逆もまた真です。プライマリー・マーケットが低迷して新規公開企業が出てこなくなったら、株式市場の魅力そのものが後退します。その結果、株価は低迷します。

こう考えると、仮に今がIPOのブームだったとしても、それがいつまでも続くとは限りません。自分がプライマリー・マーケットに携わることになった時、IPOブームになっているかどうかによって、ビジネスがやり易かったり、逆にやりにくかったりします。市場環境次第で、アップダウンの激しいビジネスであると考えていいでしょう。

資産運用ビジネス最前線

POINT
資産運用ビジネスは成長余力の高い市場とみられ、ファイナンシャル・アドバイザーの役割や求められるレベルは今後高まりそうだ。

これからの証券関連ビジネスのなかでも、成長分野のひとつが資産運用ビジネスです。証券系の運用会社が関わっている資産運用ビジネスには、大まかには、投資信託運用と年金運用の２つがあります。

両者とも、証券会社が直接、運用に関わっているわけではありません。投資信託運用であれば投資信託会社が、年金基金運用であれば投資顧問会社が、それぞれ運用の任に当たります。

◆苦戦する資産運用ビジネス

ここ数年、資産運用ビジネスのなかでも年金運用については、非常に厳しい状況に追い込まれました。というのも、国内株式市場が２０００年度、２００１年度、２００２年度と3年連続で厳しい下げを経験したからです。証券業界をはじめとして、多くの金融機関がこの分野に参入していました。多額の設備投資を行ない、人も抱えてビジネスを続けてきましたが、3年連続の株価下落によって、企業年金を縮小したり解散したりする企業が続出してすっかり見通しが狂ってしまったのです。

業界知識ミニ解説

【確定拠出年金】DCともいう。掛金は投資信託などを通じて運用され、その運用成果に応じて将来受け取る年金の受給額が変動する。一定の掛金の額に対して税制優遇が適用されるなどのメリットがある。

◆将来性の高い資産運用ビジネス

しかし、「21世紀は年金運用の時代」と言われています。少子高齢化が進めば、公的年金の年金財政は厳しくなります。国民一人ひとりに自助努力が求められるなか、企業年金などの私的年金に対する関心が、今まで以上に高まると考えられているからです。

一時は厳しい状況に追い込まれていた確定拠出年金のビジネスも、徐々にではありますが、残高が積み上がってきています。そもそも、この手のビジネスは、急激に規模が拡大するものではないために目立ちませんが、実はある日、気が付いてみたら、非常に儲かるビジネスになっていたということが、十分に考えられるのです。

また、資産運用ビジネスのもう一方の雄である投資信託も、まだまだ過渡期です。日本の金利水準が低いことから、金利の高い外国債券を組み入れて運用するファンドや、株価下落リスクを抑えたリスク限定型ファンドばかりが注目を集めていますが、徐々に投資信託に対する理解が個人の間に広まれば、コストが安く、かつオーソドックスな仕組みを持った優良ファンドが増えてくる可能性があります。

その意味では、証券業界のなかでも資産運用ビジネスは、まだまだ成長余地のある、魅力的なビジネス分野であると考えることができます。

前述したように、資産運用ビジネスに携わっている会社は、証券会社自身よりも、投資信託会社や投資顧問会社などの系列子会社になりますが、この分野の規制緩和も、ここ数年で大きく進みました。かつては、投資信託会社や投資顧問会社に対する新規参入規制が厳しく、大手金融機関の系列でなければ参入できないことになっていましたが、今では独立系の運用会社も増えてきています。

◆資産運用ビジネスで証券会社に求められるもの

もちろん、直接運用業務に携わっていないとはいえ、この分野で証券会社が担う役割も、徐々に重要になってきています。

たとえば投資信託を例にとると、ファンドを運用する投資信託会社と、それを購入する投資家の間をつないでいるのは、証券会社だからです。

資産運用ビジネスが注目を集めるようになれば、証券会社でファイナンシャル・アドバイザーと称されるセールス担当者も、相応にスキルアップする必要性が高まってきます。具体的には、顧客が自分の資産運用計画をきちっと立てられるようなサポートを、セールス担当者ができるかどうか、あるいは商品選択について適切な情報提供ができるかどうかという点で、かつてに比べて、より高いレベルが求められるのです。

さらに言うと、こうしたアドバイス業務の競争は、今後さらに激化すると思われます。証券会社のみならず、独立系ファイナンシャル・プランナーや税理士が証券仲介業という形で新規参入を果たし、さらに銀行も投資信託の販売に積極的な姿勢を見せているからです。

なかでも銀行は、個人金融資産の中核である預金を握っています。したがって、預金から投資信託などへの乗り換えを勧め易い立場にあります。これは、証券会社にとっては脅威です。

逆に、証券会社のセールス担当者で、資産運用アドバイスに関するスキルを持っているのであれば、自分の顧客を持ったまま外資系など他の証券会社や銀行に転職し、あるいは自ら証券仲介業を営んでさらに大きなビジネスチャンスをつかむことも可能になってきます。結局、ここでも顧客を持っているセールス担当者が強いということがあてはまるのです。

ただし、これまで、証券会社は必ずしも資産運用に強い会社であったわけではありません。株式などを「たくさん売り買いしてもらう」ためのスキルと、運用で利回りを上げるためのスキルとは、同じ市場に関わるものではあっても、相当に異質なものといえるからです。これまでは、証券会社が親会社で、子会社である運用会社を支配することが多かったのですが、これからは、運用会社独自のカルチャーと人材を育てていくようにならなければいけないでしょう。

Column

最初の就職先としての証券会社

実は、学生時代、就職活動の時期（1981年のことだ）に著者は野村證券の勧誘を断った。その時に同じ大学の先輩に言った台詞は「最初に就職するような会社ではないと思うので、やめておきます」という生意気なものだった。言い訳すると、確かに当時、証券会社は学生に人気のある就職先ではなかった(商社、銀行、損保などが人気だった)。

しかし、その4年後に、ファンドマネジャーを目指して、野村證券の子会社である野村証券投信委託（当時）に著者は転職したのだった。思うに、最初から何となく証券業界に(正確には資本市場に)惹かれるものがあったのだろう。では、著者が、最初に野村證券に就職していたらどうだったのだろうか。相場ではタラ・レバは禁物なのだが、ちょっと考えてみよう。

最初はどこかの支店に配属されて、先輩にしごかれたのだろう。「体育会系」は嫌いだから、最初の段階で辞めてしまった可能性はないとはいえない。しかし、最初を我慢すれば､若い頃から大きな仕事ができる機会があっただろうし、留学など研修の投資をしてくれたかも知れない。それに、1980年代の野村證券は勢いがあり、過剰なくらい自信に満ちていたから、その好影響を受けただろう。本人の心掛けにもよるが、一人前になるのは早かったのではないか。

また、転職を重ねてわかったことだが、最初にキツイ職場を経験して､次に楽な職場に転職するのは適応が楽だが、その逆はなかなか大変だ。恥ずかしい話だが、三菱商事から野村投信への転職は早起き(証券業の基本！)が辛かった。結論。厳しい会社こそ、最初の就職先に向いている。

（山崎元）

第3章

これからどうなる証券業界

■銀行が株式業務に参入する日は？
■証券ビジネスは拡大？　それとも縮小？
■生き残る証券会社、消えていく証券会社
■海外進出？　海外撤退？
■金融自由化の功罪
■個人金融資産1400兆円の争奪戦
■投資家教育は根付く？
■M＆A合戦の裏側で暗躍する証券会社
■企業再生ビジネスへの進出
■T＋1決済の行方
■確定拠出年金ビジネスの将来性
■成果給の導入で差がつく給与体系
■エリア総合職は根付くか？
■金融持株会社化の効果

銀行が株式業務に参入する日は？

POINT
銀行が手数料収入の低い株式仲介業に積極参入するのは考えにくく、むしろリテール分野でのリスク資産を扱い始めたとき脅威になる。

◆銀行で株式を扱う日は来るか

銀行に証券仲介業が解禁されたことによって、一部でよく聞かれたのは、「銀行が株式取引の仲介業務に参入するのではないか」という話です。すでに銀行と証券会社の間にあった「業際の垣根」は大幅に低下しており、ゆくゆく銀行に対して株式取引の仲介業務が解禁されることも、現実的にありえる話だと思います。

ただ、これはレギュレーションの上で解禁されるかどうかということと、現実にビジネスとして銀行が株式取引の仲介業務に参入するかどうかということを、分けて考える必要があります。

基本的に前者については、「あってもおかしくない話」だと思います。これまでの金融自由化の足跡を追うと、結局、銀行業界にとって有利な形で、銀行に十分な収益機会を与えるように金融自由化が進められてきたフシが見えるからです。

たとえば証券会社や銀行が預金を取り扱うことや、証券会社が企業融資の分野に参入することも認められませんでしたが、銀行には、保険商品や投資信託の取扱いが解禁されました。その結果、投資信託ではかなりの販売シェアを上げるなど、かなりの実績を残すまでになっています。この勢いで、銀行が株式取引の仲介業務にまで参入し、証券会社が独占しているマーケットの牙城を崩す日もそう遠くはないと懸念する、証券業界関係者も少なくないでしょう。

◆銀行の株式仲介業参入が深刻な問題にはならない理由

しかし、仮に銀行が株式取引の仲介業務に参入できるようになったとしても、それほど心配する必要はなさそうです。つまり、既存の証券会社の収益に、大きな影響を及ぼすほど深刻な問題にはならないと思われるのです。

規制緩和がさらに進んで、銀行が株式取引の仲介業務に参入できるようになったとします。そうなったとしても、恐らく銀行は、この分野に積極的に関与しようなどとは考えないはずです。なぜなら、特に個人を対象にビジネスを考えた場合、株式取引の仲介業務は収益面の魅力が薄れているからです。銀行の窓口で取扱っても手間に見合う収益は上がりそうにありません。

従来、個人向けの株式委託手数料は固定手数料制が取られていたため、金額にして100万円程度の取引を行なうと、売りでも買いでも1万円、往復ではざっと2万円の手数料が取れました。しかし、今は手数料が完全自由化されていますから、同じ金額の取引が成立したとしても、せいぜい片道で1000円程度の手数料にしかなりません。最近では手数料の価格競争が激化していますから、場合によってはもっと下がってしまいます。つまり、単純な株式の売買仲介業務は、それほど儲かるビジネスではなくなってきたのです。

そう考えると、銀行の経営判断は、新たに人を雇い、システムを構築してまで参入するメリットはあまりないという結論に落ち着くはずです。それよりもむしろ、投資信託や外債を販売した方が、より多くの手数料を取り易い。そちらにより多くの経営資源を投入してくるでしょう。

◆プライベートバンキング分野で銀行は強さを発揮

ただ、銀行が株式も含めてリスク資産全般を取り扱えるようになった時、恐らくはプライベートバンキング的な業務で、銀行は証券会社にとって大きな脅威になります。すでに個人の株式取引をネット証券会社に取られてしまった対面型の証券会社にとって、リテール分野での活路は、富裕な個人客を相手にするプライベートバンキング的なビジネスに見出すしかない状況だからです。

銀行は個人金融資産のかなりの部分を握っています。たとえば、1億円の金融資産を持っている個人がいたとしても、その人が証券会社との付き合いで動かしている金額は1000万円か2000万円程度。残りの大部分のお金は、銀行預金という形で預けられているケースが多いのです。当然、その部分を証券会社は狙っているはずですが、現在は銀行ががっちりと握っている部分でもあります。

銀行の株式仲介業務への参入は、証券会社にとってそれほどの脅威ではありませんが、銀行がリスク資産全般を扱えるようになることは、今後、証券会社がリテール分野で銀行と競争していくうえで、大きな脅威と化す可能性があるのです。

証券ビジネスは拡大？それとも縮小？

POINT

証券ビジネスは今後も多様化していくが、証券ビジネスの移り変わりは激しく、ビジネスの拡大が会社経営上の発展には直接結びつかない。

◆証券ビジネスは拡大するか

今、日本の証券業界は厳しい局面に立たされています。かつて収益の柱だった株式の委託手数料は大幅に低下し、プライベートバンキング的なビジネスには銀行が立ちはだかっている。法人取引では外資系証券が存在感を増しています。このなかで、いかに活路を見出していくかに腐心している証券会社経営者も少なくありません。

しかし、決して証券ビジネスの未来そのものまでが尻すぼみだというわけではありません。むしろ、証券ビジネスそのものは、今後もいろいろと形を変えながら、拡大発展していく分野だと思います。

たとえば、かつて「証券」といえば、企業が発行する株式や社債、あるいは国が発行する国債といったところがせいぜいでしたが、最近はさまざまなものを対象にして証券化する動きが活発になってきました。不動産投資信託のように、土地や建物を証券化する動きは当たり前の話で、たとえばゲームソフトや映画、アイドル、あるいはラーメン屋まで、さまざまな分野を証券化しています。それによって調達した資金でゲームソフトの開発費用や、映画の製作費などを賄うといったケースも多々見られるようになっています。

資産運用の分散先のひとつとして多様な証券化商品に投資するニーズが高まっているため、将来的に、証券化商品を通じての資金調達・運用というお金の流れは、今まで以上に増えると思われます。

証券ビジネスそのものは、今後も拡大傾向をたどる可能性が高い。

ただし、証券ビジネスは移り変わりが激しく、競争も厳しい世界なので、今後は特に各証券会社の業界順位が激しく入れ替わることもあるでしょうし、そもそも今、儲かっているビジネスが今後も続くかどうかについては、見えない面もあります。

たとえば証券業界最大手、野村ホールディングス（野村證券の持株会社）の株価は、過去の最高値が87年の5990円。そこから十数年を経て、株式市場は再び活況を取り戻したにもかかわらず、株価は往年の最高値に近づくどころか、2005年12月末時点で2260円近辺をウロウロしているに過ぎません。

株式時価総額で見ても、80年の歴史を持つ野村ホールディングスのそれが4兆4000億円前後であるのに対し、2004年に上場したイー・トレード証券が、上場から一年少々で一兆円前後もの時価総額を持つまでになりました。つまり、かつてのような、磐石な業界順位はもはや存在せず、どのプレイヤーが大きくなるのかを予測するのも非常に困難な時代になってきたのです。

生き残る証券会社、消えていく証券会社

POINT
証券会社間の生存競争が激化すれば、投資銀行業務や資産運用など特色を持ち、特定分野に強みを発揮する証券会社が生き残ると見られる。

◆消えていく証券会社

では、実際にどのような証券会社が今後も生き残るのでしょうか。逆の見方をすれば、生き残れないのはどのような証券会社なのでしょうか。

まず、消えていく証券会社の最右翼にいるのは、恐らくは中小証券会社のなかでも、契約トレーダーを雇って株式の売り買いをさせてこの収益に依存しているところ。この手の証券会社は、マーケットの環境が良好で、契約トレーダーがどんどん稼いでくれるうちは、そのトレーダーに多額のボーナスを弾みますが、一転、マーケットに逆風が吹き、損失が膨らむような状況に陥ると、ボーナスが出ないどころか、会社そのものが一気に傾く恐れがあります。

当然、トレーディングのようなバクチを張り続け、常に勝ち続けることは不可能なので、恐らく数年後（つまり、決して遠くない将来）に消えていく証券会社は、この手の経営スタイルを取っている数社のなかから出てくると思われます。

次いで、何の取り得もない準大手証券会社の一角。もちろん、他の証券会社に負けない独自の

強みを持っているところであれば話は別ですが、多くの準大手証券会社は、投資銀行的な業務に強いわけではなく、かといってリテール分野ではネット証券会社にどんどんシェアを食われています。もちろん、それでもマーケットの環境が一時的に良くなれば、一気に利益を回復することがありますが、それは単にマーケットの環境という他力本願で収益を上げているに過ぎず、自らの競争力を高める努力が実っているわけではありません。早晩、この手の「何も取り得のない準大手証券会社」も、消えていくことになるでしょう。

◆大手といえど安心はできない

大手証券会社はどうでしょう。もちろん、大手の場合は資本に厚みがあり、業務内容も投資銀行型にシフトするなど、準大手証券会社に比べれば、まだ生き残りの選択肢が豊富です。しかし、だからといって油断はできません。昨今のように、変化の激しい証券業界においては、ちょっとした経営判断のミスが命取りになるケースがあるからです。大手といえども、銀行と肩を並べるほど資本に厚みがあるわけではありませんし、行政の保護があるわけでもありません。投資銀行業務のように、自らの資本でリスクを取って行なった投資が失敗に終わった時、どこまで耐えることができるかが問われます。大きな損失を2、3回繰り返すと、倒産したり、たとえば、他の金融機関の傘下に入らざるを得ない状況に追い込まれるケースも、十分に考えられるのです。

◆特色のある会社が生き残る

では、一方で生き残る証券会社とはどういうところなのでしょうか。これは生き残れない証券会社の逆になりますから、要は特色のある証券会社ということになります。ただ、その流れは大きく二極化していく可能性があります。

ひとつは、自身の資本を投資して、より大きなリターンを狙っていく投資銀行業務が軌道に乗った証券会社。当然、そのなかには、投資に失敗して撤退していく証券会社も出てくるでしょう。しかし、一方では、稼ぐ時には大きく稼ぐことによって、拡大成長していく証券会社も出てくるはずです。結果的に、そういうタイプの証券会社が残っていきます。

もうひとつは、証券の大衆化を背景にして、個人顧客に証券をベースとした資産運用サービスを提供する業態でしょう。ファンドを組成して個人資金を集め、リスクの高い証券に分散投資する運用会社も含まれますし、こうしたファンドなどを用いて個人の資産形成を手助けする運用コンサルタントのような業態も登場してくるでしょう。これらを取り込んで、ビジネスとして成功させる会社がきっと出て来るように思います。

これらの業態の全てを「証券会社」と呼ぶのが適切かどうかはわかりませんが、いずれにせよ、これまでのように上流から下流まで、すべてをカバーする総合証券会社ではなく、特定の分野に特化し、そこで個人投資家にローコストで良質なサービスを提供できる証券会社が、最終的に生き残っていくと思われます。

海外進出？　海外撤退？

POINT

新興国では資金調達を目的とした証券ビジネスのニーズが高まっており、わが国の証券会社は、再び海外進出を検討すべき時期に来ている。

◆積極的に海外進出した80年代

80年代のバブルに踊った時期、日本の証券会社は先を競うように海外進出を果たしました。ニューヨーク、ロンドンはもちろん、香港、チューリッヒ、バーレーンといった具合に、現地法人や駐在員事務所を開設したものです。それも、経営体力のある大手証券会社だけでなく、準大手、さらにその下の中小証券会社までもが、海外展開を図りました。

しかし、バブル経済が崩壊し、経営が苦しくなるのに合わせて、多くの証券会社が海外拠点を相次いで閉鎖しました。日本の証券会社には、もはやグローバルな競争を展開する力は残されていないのでしょうか。

ただ、ここで80年代の海外進出の実態を振り返ってみると、果たしてどこまでビジネス的に成功してたのか疑問に思える点もあります。さすがに大手クラスともなると、海外の運用会社から日本株の売買注文をもらうための営業などを、海外現地法人などを通じて展開していましたが、それ以下のクラスになると、たとえば社長がヨーロッパに出張する際のアテンド役としてロンド

ミニ解説 業界知識

【現地法人】海外拠点を設ける際、最初は少人数のスタッフを送り込み、駐在員事務所を作りリサーチを行なう。ビジネス的に魅力があれば、現地のルールに即した法人を設立。ビジネスを本格化させていく。

ンやパリなどの現地法人があるというように、ビジネス上の戦略拠点としてはさして用いられていなかったというケースも見られました。

やや皮肉な見方をすれば、80年代の当時でさえ、日本の証券会社は海外拠点を持ちながらも、決してビジネス面でグローバル展開を行なっている海外の金融機関とは競争になっていなかったと考えることができます。

◆検討すべき時期に来た海外戦略

しかし、これからは違います。日本の証券会社は、戦略的に海外進出を真剣に検討すべき時期に来ています。ひとつには、ＢＲＩＣｓ（ブラジル、ロシア、インド、中国の総称）のように、日本経済との関連の深い新興国で、将来的に証券ビジネスに対するニーズが高まってくることが予想されるからです。

具体的には、たとえばアジアの企業の株式を日本の証券市場に上場させるといったことが考えられます。そして、日本の証券市場に上場するのであれば、ここはやはり日本の証券会社を利用したほうが具合が良いといった点をセールスポイントにするのです。

幸いなことに、日本は世界でも最大クラスの対外債権国ですし、１４００兆円を超える個人金融資産があります。アジアなどの新興国は、より大きく成長するために資金を必要としていますから、その資金を、日本の証券市場を通じて調達するお手伝いをするのです。

かつては、海外の企業が日本の証券市場に上場すること自体、非常にハードルが高かったのですが、2000年以降は日本国内にも複数のベンチャー市場が創設され、上場基準そのものが低くなってきています。

しかも、こういったベンチャー市場に上場される企業の業種を見ると、学習塾からお豆腐屋さんまで実に幅広いという特徴を持っています。アジア企業にとっても、日本の証券市場は上場しやすいマーケットのひとつとして、十分な魅力を持っているはずなのです。

「バブルで儲かったから海外に拠点を作ってみるか」ではなく、ビジネス上の目的を明確にしたうえでの海外進出が、これから盛んに行なわれるようになると期待したいと思います。また、この機を逃してしまうようでは、日本の証券会社はさらにグローバルな競争から置いてけぼりを食ってしまうことになるでしょう。

もちろん、先進国への再進出といったことも考えられます。2005年には、大手証券が欧米の機関投資家に日本株を売りに行く、俗に「キャラバン」と呼ばれるセールス部隊（アナリストとセールスマンの集団）を十数年振りに派遣して、話題にもなりました。会社の単位でも、個人の単位でも、日本一国にかかわるのではなく、世界中にビジネスチャンスを求める気概が必要です。なお、証券マンは外国語ができると商売の上でも情報収集の上でも、また転職の選択肢を広げる上でも非常に有利です。

金融自由化の功罪

POINT

金融自由化は金融業間の相互参入を可能にし、金融商品の販売先を多様化させたが、投資家には金融商品への判断力を求められる結果になった。

◆金融自由化がもたらしたもの

金融自由化が加速したのは、96年に当時の橋本首相が提唱した「日本版ビッグバン」によってです。これによって特に証券分野においては、株式委託手数料の完全自由化が行なわれ、投資信託の銀行窓口販売が解禁されました。それ以外にも、さまざまな規制が緩和されたことによって、金融・証券ビジネスの自由度が、一気に高まったのです。

こうした自由化によって何が起こったのでしょうか。

第一に、証券業務への参入が容易になりました。銀行の投資信託販売が解禁されたことで証券会社との競争が促進され、加えて証券会社の新規参入も簡単になったのです。

金融業界では昔から「業際の垣根」と呼ばれるものがあり、銀行は銀行業務のみ、証券会社は証券業務のみが認められ、お互いのビジネス分野に踏み込むことは認められていませんでしたが、金融自由化によって業際の垣根が大幅に低下したのです。

第二に、かつては機関投資家などプロ向けに組成されていた金融商品が、個人向けにまで降りてきました。

たとえばカバードワラントのような仕組み商品が代表的です。特にカバードワラントは、典型的なハイリスク・ハイリターン型商品であり、ある意味ではPCのある書斎を簡単にカジノにすることができます。この手のハイリスク・ハイリターン型商品は、かつては「個人向けにはふさわしくない」という理由で、当局に個人向けの販売を申請したところで、決して認められることのない商品でしたが、今ではネット証券会社を中心にして、個人向けの取扱いが急増しています。個人としては、商品の選択肢が格段に広がりました。いわゆる商品の多様化が加速したのです。これらは功罪どちらかといえば、功の部分だと思うのですが、一方で罪の部分もあります。

◆自由化により流通した価格形成の不透明な金融商品

デリバティブなどを組み込んで組成した仕組み債のなかには、価格形成が極めて不透明なものがあり、決してリーズナブルとはいえない価格で、個人が買わされているケースも増えてきたのです。

その典型例が、他社株転換債（ＥＢ）と呼ばれる仕組み債です。もともとこの商品は、本当の理論価格がわかったらとても買いたいとは思わなくなるような商品のはずなのですが、個人がこの手の仕組み債が持つ本当の価格を計算する術を知らないことに付け込んで、主に外資系証券が組成して、個人向けには中小証券が売る形で、大量販売されるようになり、トラブルが多発しました。

業界知識ミニ解説 **【仕組み商品】**先物取引やオプション取引などを組み合わせ、一定の条件のもとにリターンが大きくなったり、リスクを限定させたりする仕組みを作った預金や債券などのこと。カバードワラントやEB債が代表的。

仕組み債は80年代から90年代にかけて、大手の機関投資家向けに組成されていました。機関投資家も、最初は珍しがって購入していましたが、徐々に実態がわかってくるにしたがって、自分たちが大きなコストを負っていることがわかり、購入しなくなりました。すると、仕組み債を組成する側（大体が外資系証券会社ですが）も、売り先を中小の生命保険会社など、商品知識に乏しいところに変更してさらに販売したり、あるいは金融機関の決算対策商品として販売したりと、手を変え、品を変えという形でさらに売り続けました。

もちろん、それもどこかで行き詰まることになります。そして行き着いたのが個人投資家というわけです。

金融自由化は良いことだったのか、それとも悪いことだったのかと問われれば、原則として良いことだったと思います。ただし、それはある条件つきのうえでの話です。十分な情報が与えられ、そこでパーフェクトな判断力が消費者の側にあれば、選択肢が増える自由化は文句なしに結構なことなのですが、情報が不完全な状況のもとで自由化だけが先走ると、ＥＢの事例のように罪の部分がクローズアップされてしまうのです。

金融自由化によって、証券業の規制の多くは、「原則自由」、「不正は後から取締る」という形になりました。ビジネス分野は広がっているのですが、自由になったぶん、証券業を営む側にも高度な倫理性が求められるようになったと言えます。

個人金融資産１４００兆円の争奪戦

POINT

膨大な個人金融資産をめぐり銀行と証券会社の争奪戦が繰り広げられようとしているが、今のところ個人情報を握る銀行に軍配があがる。

◆個人資産１４００兆円の行方

日本の個人が保有している金融資産の額は１４００兆円と言われています。これは、日本銀行の資金循環表をベースに割り出された数字ですが、一般に日本の場合、預貯金の占める比率が高く、２００３年度におけるそれは、全体の55％にも達しています。

預貯金を保有しているのは銀行と郵便貯金です。証券会社としては、この部分を何とか自分たちのフィールドに取り込み、リテールビジネスで優位に立ちたいと考えているでしょう。

となると、銀行や郵便局は守勢に立たされているのでしょうか。個人金融資産に占める預貯金の比率55％を死守しようとする銀行や郵便貯金、そこに割って入ろうと攻勢をかける証券会社といった構図を頭に浮かべる人もいると思います。

しかし、このビジネス分野において証券会社は、むしろ守勢に立たされているというのが現実です。個人金融資産１４００兆円をめぐる攻防戦は、今のところ攻める銀行、守る証券会社というのが、正しい構図です。もちろん、資産運用に対する関心が高まるとともに、投資信託や株式、あるいは債券などのリスク資産で運用しても良いというニーズは、今後高まっていく余地があります。そのなかで、全体的に見て投資商品の保有比率が高まっていくということはあります。

◆個人情報を握る銀行が優位、証券は守勢に

でも、本当の意味で証券会社が銀行のシェアを食うことができるかといえば、それは非常に難しく、証券会社が、個人の資産運用についてのメーン金融機関になる日は、まだまだ先でしょう。

なぜなら、銀行のほうが個人一人ひとりのお金の流れを把握できているからです。証券会社の場合、顧客のお金の流れを把握しているといっても、せいぜい証券会社に預けてもらっているお金の範囲です。それは、恐らくその人が保有している金融資産全体の数分の一程度に過ぎません。

これに対して銀行は、しばしば顧客が保有している金融資産の過半を把握しています。クレジットカードで使った金額、使う時期、あるいはローンの有無なども把握できるため、それらを分析することによって、より顧客に合った金融商品を推奨できる強みがあるのです。

一方、証券会社にこの手の情報は集まっていません。こうした差は非常に大きく、したがって将来、証券会社が銀行に対して、個人金融資産1400兆円の争奪戦に挑もうとしても、非常に厳しい環境のもとでの戦いを余儀なくされるのです。

現状では、銀行は取扱商品の多様化が認められ、投資信託や外国債券まで扱えるようになってきています。いずれも、これまで証券会社が特権的に販売できたものばかりです。そこに銀行が参入してきたことで、さらに証券会社は守勢に立たされていると考えるのが妥当と思えます。

投資家教育は根付く？

POINT

市場参加者を増やすためにも投資家教育は重要になるが、まだ何をどう教育していいのかという方向性が定まっていないのが現状である。

◆未来の投資家を育てる投資家教育

日本でもここ数年、投資家教育という言葉が関心を集めてきました。東証が全国の子供達を対象にして株式売買ゲームを主催したり、あるいは日本証券業協会が高校のカリキュラムの一環として投資家教育を盛り込む運動を行なったりなど、証券業界を挙げて具体的にアクションを起こす動きも活発になってきました。

恐らくその背景には、バブル崩壊後、なかなか回復しない株式市場を横目に見て、一部の証券関係者が「日本でもきちっと個人の投資家教育を行なって、株式取引に参加してもらうようにすることが、市場回復のためには必要」と考えたことがあったのでしょう。

確かに、株式投資に対する理解を深めてもらうことによって、株式取引に参加する個人を増やすことは、可能かも知れません。それも、年齢層の若い人を対象にすることで、5年後、10年後の投資家を育てることが、長い目で見て日本の証券市場を活性化させる鍵を握っていると考えることもできます。

業界知識 ミニ解説

【年金運用】 厚生年金基金などの企業年金は、その運用を投資顧問会社や保険会社、信託銀行などに委託している。しかし、90年代の株価低迷によって、これら企業年金の運用成果は大幅に後退した。

◆投資家教育の方向性は定まりにくい

ただ、道は相当に険しいというのが現状でしょう。というのも、まだ何を教育していいのかという中身が確定していない状況にあるからです。

加えて、これまで投資家教育といえば、どちらかといえば子供を対象にという考えでしたが、むしろ子供以前に大人、それも60歳以上の高齢者にこそ、お金の使い方や投資の仕方を教える必要性があるのではないかという見方もあり、なかなか方向が定まらないのが現実です。

なぜ、何を教育すればよいのかという中身が確定しないのでしょうか。

ひとつは、個人の資産運用について説明することが本当の意味で易しくないということが挙げられます。これは、企業年金などの運用が、ここ十数年の間、どうして苦境に陥ったのかを考えれば、その意味が見えてきます。

年金運用がなぜ失敗したのか。その一番の理由は、アセットアロケーションに失敗したからです。アセットアロケーションとは、運用資産全体のうち、株式を何パーセント、債券を何パーセント組み入れるか、さらに株式のうち日本株を何パーセント、海外の株を何パーセントにするかという資産配分比率の意思決定をすることです。

実は、この意思決定で運用パフォーマンスの実に8～9割が決まるとも言われているのですが、日本の企業年金が運用パフォーマンスの低下に苦しんだのは、まさにこの意思決定に失敗したからです。

ただ、この難しさは数千億円の資産を運用する年金も、1000万円の資金を運用する個人も大差ありません。いや、むしろ1000万円を運用する個人のアセットアロケーションのほうが、前提となる将来の不確定要素が多いだけに難しいともいえます。

将来の不確定要素とは、たとえば突然健康状態が悪化して働けなくなるとか、離婚されて慰謝料を払わなければならなくなるとか、親戚の保証人になって借金取立てに巻き込まれるなど、突然の条件変化のことです。また、お金に関する個人の事情はまことに多様であり、大きな個人差があります。個人の資産運用には、本来こうした要素も十分考慮に入れたうえで運用計画を練る必要があるのです。また、借金の有無や持ち家であるかないかといった個々の家計の事情を適切に反映させなければなりません。

それだけに、理屈の上で正しい形で、アセットアロケーションの方法を教えるプロセスをどう作るかが、まず大変な作業になります。

◆売り手のロジックが介在しない投資家教育が求められる

さらに、もし正しい内容の教育プログラムが完成したとしても、それを大勢の個人に伝える時、誰の費用でその内容を伝えていくのかという問題が出てきます。証券会社がセミナーを行なったり、あるいはパンフレットを作成して配布したりするのもいいのですが、そうなると、売り手側に好都合な内容が紛れ込み、中身がゆがめられてしまう恐れが生じてきます。

投資家教育は、アメリカにおいて大いに発進しているのですが、当のアメリカでも、どこまできちっとした投資家教育が行なわれているかは、疑問です。

たとえばアメリカの投資信託会社のホームページには、かなり高度に洗練された投資家教育の教材が掲載されていますが、その中身をよく読むと、一部内容に誤りがあったり、あるいは取扱商品をセールスするうえで都合の良い話が盛り込まれていたりします。

正しい投資家教育を行なうためには、金融商品の売り手によるバイアスがかからないようにしなければなりません。売り手のバイアスがかかった投資家教育は、正しい内容にはならず、したがって根付きにくいということにつながるのです。

証券会社の立場としては、自分たちのビジネスにつなげるためにも個人投資家を増やす必要があり、その突破口として投資家教育を位置付けているのかも知れませんが、正しい投資家教育を行なうためには、ビジネスの損得抜きで、個人に教育プログラムを提供するくらいの心構えが必要になります。

投資家教育については今後さまざまな試みが行なわれると思いますが、証券マンとしては、自分の商売の都合だけから考えるのではなく、まずは正しい内容を自分自身が身に付けるように努力する事が肝心です。ファイナンシャル・プランナーや証券アナリストの資格を取りがてら勉強してゆくといいでしょう。投資家の立場がわかると商品開発やセールスの仕事のヒントにもなります。

M&A合戦の裏側で暗躍する証券会社

POINT

証券会社はM&Aを行なう企業のアドバイザー役を担ったり、その企業が多額の買収資金を必要とすれば、その資金調達の手助けを行なう。

２００５年は、ＩＴ企業によるＭ＆Ａが注目を集めた年でもあります。ライブドアによるニッポン放送買収劇の熱も冷めやらぬうちに、今度は楽天がＴＢＳ株式の大量取得に動きました。そして、その背後には投資ファンドや、資金調達を手伝う外資系証券会社が暗躍。テレビのワイドショーまでもが企業買収を取り上げるなど、お祭り騒ぎが繰り広げられました。

Ｍ＆Ａとは、企業の買収・合併を意味しています。会社を買いたい側がいて、売りたい側がいる。両者の思惑が一致するところでＭ＆Ａが行なわれるわけですが、実際、会社を買う側にとって、どのようなメリットがあるのでしょうか。

◆M&Aのメリット

まず、買収を目論んでいる企業経営者にとっては、「時間を買う」ことができるというメリットがあります。２００５年といえば、冒頭でも触れたように、ライブドアや楽天の放送局買収が大きなニュースとして取り上げられましたが、その裏では証券会社の買収も行なっています。ライブドアは日本グローバル証券を買収して「ライブドア証券」を設立しましたし、楽天はＤＬＪディレクトSFG証券を買収して「楽天証券」を作りました。

たとえば、ライブドアはもともとポータルサイトの運営などをやっていた会社です。証券会社とは何のゆかりもありません。そこが経営戦略上、証券会社を欲しいと考えた場合、一から証券会社を作るとなると、非常に手間と時間がかかります。設立するのに時間がかかるだけでなく、その証券会社が儲かるように育てるためには、さらに時間を必要とします。

そこで儲かっている証券会社を、良いタイミングで買収できれば、その時点からいきなり証券業務で利益を上げることができます。連結決算の対象にすれば、利益をかさ上げすることもできます。

◆M&Aで証券会社がどう介入しているか

こうしてM&Aが活発になっているわけですが、証券会社はそこに関与することによって、さまざまな形で利益を享受できます。M&Aのアドバイザーとして、どちらか一方の企業側につけば、そこでアドバイス料を受け取ることができますし、M&Aが成功すれば仲介手数料をもらうこともできます。

さらに、M&Aに必要な資金を資本市場から調達するとなれば、その資金調達を手伝うことによって、さらに多額の報酬を手にすることができます。その意味では、年々増加傾向にある日本のM&A市場は、常に儲かるビジネスに身を置いて、大きく儲けようと考えている証券会社にとっては、非常に魅力的なマーケットに映っているはずです。

◆M&Aは企業にとって有利とは限らない

ただ、M&Aを行なうことが、本当に企業にとって有利なことなのかどうかは、何とも言えません。

たとえば、異業種の間で行なわれたM&Aの場合、社内の人的交流も含めてカルチャーが大きく違いすぎることから生じる社内の摩擦は、覚悟しておかなければならないでしょう。銀行同士の統合でも、かつて所属していた銀行ごとに派閥ができるくらいなのですから異業種のM&Aは大変です。

また、買収する側とされる側の間で、円満に買収価格が決まれば問題はないのですが、そこで他の企業も買収に参加したいと手を上げてきたり、あるいは買収される側が買収そのものを拒んだりといった事態が生じると、買収価格がどんどん跳ね上がり、結局M&Aに成功したとしても、非常に高い買い物になってしまう恐れがあります。

その意味で、買収を試みる企業にとっては、どれだけの成果につながるかは見えにくい面もあるのですが、証券会社にとっては、いろいろな形でM&Aに関わることによって、さまざまな形で手数料収入を得ることができるというメリットがあるのです。

日本のM&Aの件数は毎年増加傾向にあります。

企業再生ビジネスへの進出

POINT

証券会社の企業再生ビジネスはキャピタルゲインを得るのが目的。一時は話題に上ったが、国内景気の回復とともに、再生対象企業は減少しつつある。

◆銀行と証券会社の企業再生ビジネスの違い

「企業再生ビジネス」というと、何か新しいビジネス分野のようにも聞こえるのでしょうが、似たような仕組みは昔からありました。

その中心にいたのは銀行です。銀行が倒産しそうな企業への債権を放棄して、新しくお金を融資して、さらに経営者も送り込むという形で建て直しを行なってきましたが、ご存知のようにバブルの崩壊によって銀行も多額の不良債権を抱え込むことになり、経営体力的にこうした形での建て直しに関わることが難しくなってきました。その代わりに登場してきたのが、証券会社や買収ファンドによる企業再生ビジネスです。

ただ、ここ数年話題に上った企業再生ビジネスの場合は、主に「資本」を注入するという点で、かつて銀行が行なっていた企業の建て直しとは大きく性格が異なります。

基本的に倒産しかかっている企業の株価は、大幅に下落しているのが普通です。なかには株価が額面金額を割り込んでいる企業もあります。つまり、その企業が持っている資産などを格安の価格で購入できるということです。まずは、ここが出発点になります。

そして、安い価格で買った企業を再生させることによって、再び株価を高くします。そこで売却すれば、キャピタルゲインを得ることができます。これが、証券会社などがファンドや子会社などを使って行なっている企業再生ビジネスの簡単な流れです。基本的に証券会社は、会社の資本に携わるビジネスを行なっているので、資本を入れる必要のある企業再生ビジネスは、まさに証券会社にとってはホームグラウンドともいうべきビジネスなのです。

◆旬の過ぎ去った企業再生ビジネス

ただ、残念ながら、もはやこのビジネスについては、旬を過ぎたと考えたほうが良さそうです。

第一の理由は、不良債権を一通り片付けた銀行の体力が、徐々に回復してきたこと。これまで企業再生ビジネスのおいしいところを、指をくわえて見ているしかなかった銀行にとっては、ここで企業再生ビジネスに参入するチャンスがめぐってきたということでもあります。銀行のほうが、企業の資金繰りをよく把握しているという点や、資金力がある点で、証券会社よりも再生ビジネスを行なううえで、有利な場合が多々あります。逆に証券会社にとって有利なのは、資産の証券化や、各種の株式の発行などを通じて、多様なリスクでの資金注入形態をアレンジできることや、これを売り捌く能力があることです。

第二の理由は、そもそも倒産しそうな会社の出物が少なくなってきたこと。２００５年以降の景気回復局面で、倒産しかかっていた企業が徐々に息を吹き返してきましたし、何よりも銀行の経営体力が回復してきたことから、これまでのように急いで、抱え込んでいる不良資産を叩き売らなくても済むようになってきました。出物が少なくなれば、それだけ企業再生ビジネスで儲けるチャンスも少なくなります。

企業再生ビジネスは、景気が不況と称されるところまで大きく落ち込み、破綻寸前の企業が増えなければチャンスが生まれません。特に日本の場合は、バブル崩壊後、景気が長期にわたって落ち込んだだけでなく、その後に苦しくなった企業や金融機関が手持ちの資産を投げ売ったので、バーゲン価格で利用価値のある企業を買うチャンスが生じました。その意味で過去数年間は、千載一遇のビッグチャンスでもありました。

これだけのチャンスはそう簡単にめぐってくるものではありません。その意味で、企業再生ビジネスは、そろそろ旬を過ぎたと考えることができると思います。

T＋1決済の行方

POINT

証券会社は証券取引の約定後に行なわれる資金の受渡が不履行に陥るリスクを避けるため、決済までの期間を短縮しようとしている。

◆T＋1とは

通常、株式などの証券取引を行なった場合は、取引が約定された日から起算して4営業日目に決済するというのが、取引慣習になっています。これを「T＋3決済」といいます。

Tとは取引が行なわれた日、つまり「Trade Date」のことです。この日を含めて4営業日目ということは、Trade Dateから3営業日後。つまり、T＋3ということになります。これは日本だけでなく、欧米でも大体同じです。

なぜ、取引が行なわれてから3日間もの時間が必要になるのかというと、かつては実際に株券と現金を交換していたため、地方などに株券を搬送する時間なども考慮したうえで、この日数が決められたのですが、最近は保管振替機構というところが一括して株券を管理しており、実際には3日間もの時間を必要とはしません。そこで昨今では、「T＋1決済」を目指して、さまざまな研究が行なわれています。

◆決済リスクを減らすT＋1

業界知識ミニ解説

【保管振替機構】株式など有価証券の保管、受渡の合理化を図るために設けられた機構。投資家が株式などを売買した際、投資家と証券会社の間で株券の受渡をせず、保管振替機構内で処理する。

T＋1決済が実現することのメリットは、決済リスクがなくなることです。では、4営業日目受渡のままだと、どのようなリスクがあるのかを考えてみましょう。

たとえば、Aさんが5000万円相当の株式を購入したとします。Aさんはこのお金を、取引が成立した日の3日後に、証券会社に支払わなければなりません。ところが、Aさんがそのお金を用意することができず、そのままどこかへ逃げてしまったとします。当然、そうなると証券会社は、Aさんから5000万円ものお金を受け取ることができず、証券事故として処理しなければならなくなります。個人投資家であればまだしも、これが法人取引になると、さらに取引金額は大きくなります。それだけに、たった3日間ではありますが、その間に資金の受渡が行なわれないことのリスクが重くのしかかってくることになります。その点、T＋1決済であれば、取引成立日の翌営業日目には決済を行なわなければなりませんから、決済リスクを大幅に減らすことができるのです。

また、2009年6月までには、上場企業の株券はすべて電子化されます。今は、紙でできた株券が流通していますが、それがすべて電子化されるのです。こうなれば、もはやT＋3決済は、何の意味も持たなくなります。現時点では、まだT＋1決済がいつ実現するのかが見えてきませんが、恐らく、株券の電子化が行なわれるころまでには、ある程度、メドが立つのではないかと見られています。

証券業界にとっては歓迎すべき進歩です。

確定拠出年金ビジネスの将来性

POINT
確定拠出年金ビジネスは期待されていたほど脚光を浴びていないが、加入者側のメリットが多く、今後拡大するビジネスのひとつと目される。

確定拠出年金とは、一定の拠出金を掛金として加入者自らが、積立金の運用について意思決定して、将来、年金という形で運用成果も含めて受け取る制度です。確定拠出年金を導入している企業に勤める従業員は、基礎年金としての国民年金に、厚生年金、そして確定拠出年金という三階層の年金を受け取ることが一般的です。

確定拠出年金は、国民年金、厚生年金といった公的年金を補完する目的で設立されている企業年金の一形態です。企業年金には、確定拠出年金のほかに確定給付年金と呼ばれるものがあり、従来は後者が主流でした。確定拠出年金は、新しい企業年金として2001年に登場した制度です。

では、従来の確定給付年金とは何が違うのでしょうか。

◆確定拠出年金と確定給付年金の違い

大きな違いは、運用リスクの負担者と積立金の運用形態です。確定給付年金の場合、あらかじめ決められた予定利率にそって運用が行なわれたという前提のもとに、将来、受け取る年金給付額が決められています。この制度は、年金を受給する立場から見ると、受け取る年金額が決まっているという点で安心感があります。

しかし実際の運用利回りが予定利率を下回ってしまうと、年金基金のキャッシュフローが狂ってしまいます。そのため、予定利率を下回った分については、企業が追加の掛金を払って穴埋めをしていました。特に、昨今のような低金利の状況下では、企業経営の観点からすれば、これは重荷以外の何物でもありません。

これに対して確定拠出年金は、加入者が自分で運用対象を決めていきます。そのため確定拠出年金の運営管理機関は、加入者に対して、掛金の運用先となる金融商品のメニューを用意しています。そのメニューのなかから、好きな金融商品で運用できるのです。

この制度のもとでは、運用の成果はすべて年金加入者に帰属します。儲かれば儲かった分だけ、加入者が将来受け取る年金の受給額がアップします。ただし、運用成績が悪ければ、それだけ受給額が目減りします。このように、加入者にすべての運用成果が帰属する一方で、企業は確定給付年金のように、運用利回りが予定利率を下回ったからといって、損金処理で穴埋めする義務を負わずに済みます。つまり、運用リスクは加入者に移ります。

◆市場の拡大が見込まれる確定拠出年金

確定拠出年金が登場した当初、銀行や証券会社、生保などの金融機関は、運営管理機関としてビジネスに関与できるということから、力を入れて取り組む姿勢を見せました。しかし、現時点においては、まだビジネスとして大成功を収めたという金融機関は、ひとつも出ていません。制度として、確定拠出年金が将来、拡大するのは、ほぼ間違いのないところだと思います。

たとえば、加入者の側から見ると、確定拠出年金を通じて掛けたお金については、税制のメリットがあります。掛金は所得から控除できるため、その分は税金がかかりません。しかも、年金として受給するまでの間に発生した運用益に対しても非課税扱いになります。同じように老後資金を作るのであれば、同様の内容の投資信託や個人年金保険を使って自分で運用するよりも確定拠出年金を上手に活用して貯蓄したほうが、はるかに有利になります。また企業にとっても、前述したように、確定給付年金のような運用のリスクの問題を抱えずに済むため、経営的に望ましいということになります。

このように企業と従業員にとって有利な制度ですから、いずれは拡大すると考えていいのでしょうが、これをビジネスとして扱っている金融機関にとっては、まだ現段階では、非常に苦しい戦いを強いられているというのが現実です。

なぜなら、運営管理機関としての機能を果たすためには、多額の設備投資が必要だったからです。年金加入者は、運営管理機関に対して一定のフィーを支払っていますが、まだまだ積立金の規模が小さいため、初期の設備投資にかかったコストを賄いきれていない金融機関が大半なのです。確定拠出年金が登場した当時、このビジネスで大きく儲けようと考えていた金融機関のなかには、アテが外れたと考えているところもあるかも知れません。

◆確定拠出年金で勝ち組になる証券会社とは

確定拠出年金のビジネスは、規模の経済が強く働く性質のものです。今は積立金の規模が小さいため、そこからもたらされるフィーはたかが知れていますが、いずれ積立金の規模が大きくなると、かなりの利益をもたらすことになる可能性があります。特に年金の積立ですから、加入者がある程度の人数になれば、安定的に運用資金が貯まっていきます。

アメリカでも４０１ｋプランという確定拠出年金が導入された当初から、爆発的に人気が出たというものではなく、20数年にわたる長い歳月をかけて、ビジネスとして成功させてきました。同じことは、日本の確定拠出年金ビジネスにもあてはまります。

つまり、証券会社に入社して、確定拠出年金に関わる仕事に配属になり、なかなか利益が上がらないからといって、そう悲観する必要はないということです。

ただし、ひとつだけ注意しなければならない点があります。それは、確定拠出年金の分野で勝ち組と目される金融機関に所属している必要があるということです。この分野はスケールメリットを活かすことのできるビジネスだけに、より多くの加入者を抱えるほど、加入者一人当たりのコストを下げることができるのです。それはつまり、価格競争で他の金融機関に比べて優位に立てるということです。米国でも、たとえばフィデリティのような、大手金融機関に取引が集約される傾向があります。大勝した金融機関は、本当の意味で大勝できる。それが確定拠出年金ビジネスの性質なので、勝てる会社はどこかをきちっと見極める必要がありそうです。

成果給の導入で差がつく給与体系

◆国内証券会社も外資と変わりない成果報酬体系に向かう

証券会社はもともと、国内系でも能力によってある程度、年間の収入に差がつけられる業界でしたが、昨今ではさらにその差が拡大傾向をたどっています。ある大手証券会社では、年収700万円の課長がいる一方で、年収3000万円の課長もいるといった具合です。その意味では、国内系も外資系も、給与体系という点ではそう大差がなくなってきたのかも知れません。

成果に応じて給料が変わる。これはもう仕方のないことでしょう。たとえば稼げる人にはより多くの給料を払うという証券会社と、皆なるべく平等に、多少の差はつけるけれども極端な差はつけないという証券会社が、同じ土俵で競争を行なえば、当然、生き残るのは前者です。競争に勝つためには、たとえば、優秀なプレイヤーを、高額の報酬でもって引っ張ってくる。そうすれば、そのプレイヤーにくっついて、そのお客さんも根こそぎ取ることができる。また、競争のぎりぎりの場面で高いインセンティブ・ボーナスがあるほうが強い、というのも現実です。

それだけに、今後も成果給という考え方は、どんどん広まっていきこそすれ、証券業界が再び

POINT

証券会社の給与は他社と差がつくことは珍しくない。お金を求める気概は必要だが、それ以上に自分の金銭感覚を磨くことが重要となる。

（悪）平等主義的な年功序列的な給与体系に戻ることはないと考えたほうがいいでしょう。

◆実力主義のなかで生き残るための心構え

こうしたなかで生きていくためには、ある種の心構えを持つことが肝心になってきます。もちろん、自分の能力をアップして、少しでも多くの報酬を稼ぐんだという気概を持つことも大切ですが、同時に稼いだ報酬がイコール自分の人間としての価値であるとまでは思う必要はないということです。

ここで問われるのが、自分なりの金銭観です。自分のお金が大事であることは言うまでもありません。一方で、自分よりも多くの報酬を稼いでいる人に嫉妬する気持ちがまったくなければ、それは証券会社に勤める者として、いささか食い足りない気もしますが、他人の報酬に嫉妬してばかりだと、今度は自分の精神的なバランスを崩す恐れも出てくる。結果、自分は幸せではないと思ってしまうかも知れない。この辺りのバランス感覚が大切です。

あるいは、証券会社は顧客の損失が自社の利益となる場面が多々ありますが、では、自分たちが儲けるために、顧客に損ばかりさせることが果たして良いことなのかどうか。その線引きをどこでするのかといったことは、一人ひとりが常に問われ続けます。

今後、外資系、国内系を問わず、成果給の考え方が一段と広まってくる可能性が高いだけに、これから証券業界に飛び込もうと考えている人は、自分なりの金銭観を今一度、きちっと考えてみる必要があると覚悟しておいて下さい。

エリア総合職は根付くか？

POINT

成果給が定着していけば、セールス担当者の成果に結びつく顧客は担当者にとっての財産。転勤のないエリア総合職は定着すると見られる。

◆エリア総合職とは

最近、大手証券会社が導入している制度に、エリア総合職と呼ばれるものがあります。従来、「総合職」といえば、全国にある支店を転勤して歩き、最終的に本店に上がってくるというパターンでしたが、エリア総合職は転勤がありません。原則として、最初の配属地で定年まで勤めることができます。基本的に、地元を離れたくないという人が、エリア総合職を目指すようですが、これは証券会社にとって、大事な顧客を失わないためにも、有効な仕組みと考えることができます。

◆セールス担当者の財産は顧客

今後、成果給という考え方が定着していくと、セールス担当者はより一段と、「自分に顧客がついている」という考え方が強くなってくるはずです。つまり、顧客は自分自身の財産であるという意識です。自分が証券会社のなかで生き残るためには、顧客をどれだけ握っているかが問われるようになります。そうなると、会社側の方針で転勤を繰り返させられ、そのたびに、せっかく信頼関係でつながっている顧客と離れ離れにさせられるというのでは、セールス担当者も自分の成果を守るうえで、納得がいかなくなるはずです。

ただし、これまで、証券会社では、顧客とトラブルを抱えても、社員は転勤できるのでいい、といった面があったのですが、エリア総合職については、そういうわけにはいきません。エリア総合職は顧客に対する責任が重い形だとも言えるでしょう。

こうなると、セールス担当者と顧客の結びつきは段々と強くなってきます。必然的に、従来のように「株式の銘柄はこれがお勧めです」、「この投資信託を買ってください」というような単純なセールスよりも、もっと資産運用アドバイスに近いところでの営業が展開されるようになるでしょう。その意味では、今後もエリア総合職は定着していくはずですし、セールス担当者の働き方も多様化が進んでいくと思われます。

金融持株会社化の効果

POINT

証券会社には銀行の先例遵守主義的なビジネスの進め方、減点方式の人事評価制度は馴染みにくい。銀行傘下の証券会社の今後は？

◆コングロマリット化が進む金融業界

現在、金融業界では持株会社化がひとつの大きな流れになっています。これは、たとえばひとつのグループ持株会社の下に、個人営業を専門にする銀行、法人営業を専門にする銀行、証券会社、投資信託会社というように、複数の異なる業態を持つ金融機関をぶら下げていくという系列関係のことです。

もちろん、グループ持株会社の中核になるのは、銀行でも、証券会社、あるいは生命保険会社でもいいわけです。それぞれが金融グループを形成して、さまざまな金融サービスを提供しやすいようにするのが、金融持株会社化の狙いでもあります。

◆銀行傘下の証券会社はうまく機能しなくなる恐れも

ただ、最近の状況を見ていると、銀行を中核とした金融持株会社の傘下に入る証券会社が増えてきたように思えます。確かに、マーケットの環境によって不安定な経営を強いられる証券経営者にとっては、銀行の軍門に下ることによって、いざという時は銀行が守ってくれるという安心

業界知識ミニ解説

【金融持株会社化の狙い】 持株会社の下に、銀行や証券会社、保険会社など業態の異なる複数の金融機関をぶら下げることで、相乗効果が得られたり、子会社の整理・統合が容易になるといわれている。

感を得たいのかも知れませんし、銀行の抱える顧客が魅力ということもあります。しかし、この種のケースでは、証券会社がうまく機能しなくなる恐れもあります。

第一に、証券業界的なビジネスの変化への対応が、銀行員には難しいという面があります。なぜなら、先例遵守主義的なところがあり、積み重ねの行動様式であり、減点法の人事評価を行なうケースが多いからです。証券ビジネスは、儲かる時に儲かるビジネスに経営資源を一気に投入し、儲からなくなったらさっさと手を引くというくらいの柔軟性が無ければ、成功しません。

第二に、銀行員の考えている人事制度が、証券会社のそれとはまったく異なるということです。したがって、銀行の人事制度をそのまま証券会社にあてはめようとすると、上手く機能しない恐れがあります。

銀行の人事制度は、減点主義ということもありますが、何年次入行組の何番手というような秩序が維持され、なかでもエースと目されている行員のキャリアには傷をつけないようにローテーションしていこうという傾向が強く見られます。しかし、証券会社の場合は、特に金銭的には下剋上もありというムードが強いだけに、銀行の人事制度には馴染めないと思われます。

もちろん、歳月が経過すれば、銀行の考え方も変わっていくのだとは思いますが、少なくとも今の段階では、金融持株会社を利用した、銀行による証券会社支配には、こういった問題点があるということを理解しておくといいでしょう。

Column

口約束の文化

証券会社と銀行では文化が違うとよくいわれるが、日常的に感じる違いの一つは、社内文書の数とそこに押された印鑑の数の差ではないだろうか。

証券会社にも、重要案件については、社内の決裁文書とこれを承認する手続きがもちろんあるが、日常の仕事に関しては社内文書が少ない。重要案件でも以下のような感じで簡単に決まることが多い。

部長「○○君、これはウチの得か？」、
担当者「ハイ」　（そして、数分が経過…）、
部長「俺が社長に話しといたから、しっかりやれよ」

これに対して、銀行の場合、対外的な損得が絡む契約などはもちろん、事務処理、会議の内容、顧客とのやり取りに、ビジネス上の情報回覧も含めて、社内文書が作成される。

また、それぞれの文書に「決裁」を意味する判子と「見た」ということ(時には責任をともなう)を意味する判子がずらりと並ぶ。直接見たことはないが、メガバンクでは20個、30個と判子が並ぶ書類が珍しくないという。物事の経緯を文書に残す文化だ。筆者の経験では、銀行ほど判子の数は多くないが、商社もこれに近い。

証券会社は物事が口頭のやり取りを中心にスピーディーに進む。「余計な文書を残すと、後々で具合の悪いことが多いからだよ」と解説してくれた先輩もいたが、根本的には、証券の世界は、顧客との間でも、たとえば「トヨタ、成り行きで、10万株、カイ！」という電話の言葉が信じられなければ物事が進まない。そう割り切ると、「口約束の文化」もなかなか爽やかなものだ。

（山崎元）

第4章

証券会社で働く人たち

■リテール営業部門
■引受部門
■金融法人部門／事業法人部門
■調査部門
■商品開発部門
■トレーディング部門
■コンプライアンス部門
■経営企画部門
■システム部門

リテール営業部門

POINT
リテール営業は株式委託手数料の低下で、株式より手数料率の高い金融商品の取扱い拡大や一部で顧客に資産運用の助言を行ない始めている。

◆リテール営業こそ証券ビジネスの最前線

リテール営業とは、個人を対象にした営業のことを意味します。かつては、証券ビジネスの柱ともいうべき部門で、それだけ多くの収益を稼ぎ出していました。

基本的に証券ビジネスは、株式や債券、投資信託などの証券商品をいくら販売して、その結果、どれだけの手数料を稼ぐことができたかを追求する仕事ですから、昔も今も証券ビジネスの最前線であることに違いはありません。ただ、昔と比べて今は、リテール営業を取り巻く環境が大きく変化しています。

かつては「大量推奨販売」といって、支店単位あるいは会社単位で「今日はこの銘柄で行こう」といったことを決め、セールス担当者が一斉に電話や戸別訪問を行ない、注文を取りにいくといった商売をしていました。顧客にたくさんの株式を売り買いしてもらえば、それだけ多くの手数料が、証券会社に落ちたからです。

◆株式委託手数料の低下でセールス手法が変化

業界知識ミニ解説 **【資産運用コンサルティング】** 顧客一人ひとりの資産内容を精査し、その人のライフプランに応じた資産運用を提案すること。ただし時間のかかる作業であり、顧客の対象は富裕層を中心とせざるを得ない。

でも、今は肝心の手数料が大幅に低下してしまいました。その結果、株式を売り買いしてもらったところで、それほど収益にはつながらない状況にあります。そこで、投資信託や変額年金保険といった、これまではむしろ脇役の感が強かった金融商品が、リテール営業では脚光を浴びています。いずれも、株式に比べれば手数料率が高いため、稼ぐことができるからです。

取扱う商品が変わったことによって、セールスの手法にも変化が生じてきました。かつては、「回転を効かせる」という業界用語が表わすように、何回も株式を売り買いしてもらうことによって、証券会社は多額の手数料を得ることができましたが、今では投資信託や変額年金保険を販売するのに、少しずつではありますが、セールス担当者も資産運用コンサルティング的な立場で営業を行なうようになってきています。

◆リテール営業では顧客が資産

リテール営業に携わるうえで大事なことは、自分自身の顧客の状況を的確に押さえておくことです。手数料をいくら稼ぐかが一番大事であるのは当然ですが、その手数料をもたらしてくれる顧客をしっかり確保しておかないと、結局、手数料を上げることができず、結果的に自分の収入も増えないという事態に追いこまれます。最終的には自分が会社に所属していることすら、危ぶまれることになります。

自分の顧客をきちっと持っているセールス担当者であれば、非常に強い立場に自分を置くことができます。自分が現在、所属している証券会社に対して不満が生じたとしても、顧客ごと他の証券会社に移転することも十分に可能になります。また、所属する証券会社が倒産したとしても、顧客さえしっかり押さえておけば、他の証券会社への再就職もたやすいことでしょう。

また将来、「できるセールス担当者」になるためには、ファイナンシャルプランナー的なスキルや常識、あるいは話法が必要不可欠になってきます。株式の委託手数料が大幅に下がっており、100万円単位の小口取引については、ネット証券会社のようなローコストオペレーション型の証券会社でなければ到底コストをペイできなくなるからです。セールス担当者がわざわざ顧客のもとに足を運び、そこである程度の時間をかけて注文に結び付けていくような商売のやり方は、数千万円単位の資金を預けてくれ、かつかなりの額の手数料を落としてくれる顧客でなければ、成立しなくなっているのです。また、そういう顧客を多数持っているセールス担当者については、証券会社の側も、高い報酬を支払ってでも抱えておきたいと考えるはずです。これからの証券会社において「価値のあるセールス担当者」とは、優良な顧客をたくさん抱えている人を指すということを、ともかく頭に入れておきましょう。

したがって、証券会社に入社して、セールス担当者として頑張ろうと考えている人は、まずはファイナンシャルプランナーの資格を取得し、次には、証券アナリストにも挑戦しておくといいでしょう。かつてのリテール営業は、一にも二にも人間関係が優先されましたが、これからはそれだけで食べていくことはできません。顧客との人間関係を築くのも大事ですが、それと同時に、資産運用アドバイザーとしてのスキルが求められるのです。

引受部門

POINT

引受ビジネスはネット証券が新たに参入し競争が激化。そのため今後は引受手数料の低下が予測され、旨味はなくなりつつある。

◆引受ビジネスのしくみ

証券業界のなかで、地殻変動が起きている分野のひとつが、引受です。引受とは、ある会社が株式や債券を発行して、資本市場で資金を調達したいという要望があった場合に、その発行のお手伝いをすることで、アンダーライティングともいいます。

そして資金調達が円滑に進むよう、発行された株式なり、債券の一部を、その証券会社で購入し、投資家に販売します。もし、売れ残ることがあれば、証券会社が責任をもって引き取ることになります。

これまで、引受部門は人間関係、会社対会社の関係のなかでビジネスが行なわれてきました。しかし、これからはアイデアと、その証券会社が負うことのできるリスクに応じて、勝負が決まることが増えるはずです。

ある会社が資金調達を行なう場合、それを引き受ける証券会社のことを「幹事証券会社」といいます。幹事証券会社は、通常複数の証券会社で構成されます。1社だけで発行される株式や債券を全額引き受けると、その証券会社が負うリスクが高まるからです。

ただ、幹事証券会社のなかにも力関係があり、上場審査も含めて、幹事証券会社の中心となって引受ビジネスを進める主幹事証券会社と、その他の幹事証券会社とに分かれています。

当然、主幹事証券会社はより多くの株数を引き受ける義務がありますが、その分だけ多くの引受手数料を得ることができます。

◆幹事証券会社の顔ぶれに変化が起きた

これまで引受ビジネスの世界では、主幹事証券会社は大手証券会社が務め、準大手以下のクラスが幹事証券会社を務めるというパターンが決まっていました。その意味では、メンバーシップ的な色彩の濃い世界だったといえるでしょう。

しかし、昨今では外資系証券会社や銀行系証券会社が主幹事を務めるケースも増えてきています。また、幹事証券会社としてネット証券会社が名を連ねるケースも増えてきました。

特にネット証券会社の場合、インターネットの力を活かして、より多くの投資家に株式や債券を販売できるという強みがありますので、幹事証券会社として重宝される存在になってきているのです。上場基準を満たす上では株主数が重要ですが、多くの個人顧客を抱えるネット証券はこの点で便利なのです。最近では、ネット証券会社が主幹事を取るケースも出てきました。

その意味では、かつてのような大手証券会社を頂点とした業界序列が、徐々になくなりつつあるともいえるでしょう。

◆引受ビジネスはこう変化する

企業の資金調達の手段は、最近では、各種の優先株や転換社債などの債券を使って、企業側と投資家側に、さまざまなリスクとリターン、あるいはコストの組み合わせを提供するようになっています。また、国内市場だけでなく、海外も組み合わせるなど証券会社のアイデアと提案の実行力が問われる競争になっています。しかし、最初にアイデアを思いついてそれを実行したとしても、アイデアは真似できるものなので、それによって得られる「創業者利益」は、そう長続きしないのです。

二つ目に、引受手数料の価格競争が始まる気配があることです。大手証券会社が、大勢のスタッフと全国の支店網をなぜ維持できるのかというと、引受ビジネスによって多額の手数料収入を得ているからです。リテール分野での株式委託手数料が大幅に低下したぶん、引受ビジネスで稼いでいるというのが現状なのです。しかし、この分野でもそろそろ、価格破壊が起こりそうなのです。一部に引受手数料を引き下げる証券会社が現われており、今後、引受手数料の引き下げ競争が始まりそうな気配になっています。そうなれば、大手証券会社はともかく、準大手クラスで主幹事を取れないところは、経営的にも苦しい状況に追い込まれることになるでしょう。

いかにアイデアを出し続けることができるか、そして、リスクを取ることのできる強靭な資本力とリスクヘッジなどのノウハウを持っているかどうかが、これからの引受ビジネスで覇者になれるかどうかを決するのです。

金融法人部門／事業法人部門

POINT
リテールだけでなく金融事業部門、事業法人部門でも手数料の収入減が響く。さらに外資系証券会社の主戦場でもあり、競争も激しい。

リテール営業部門が個人投資家を対象にしたビジネスであるのに対し、金融法人部門や事業法人部門は、企業を相手にビジネスを行なう部署です。ホールセールと呼ぶこともあります。

金融法人部門と事業法人部門の仕事は基本的には似ています。ただ、同じ「法人」でも対象が違います。文字通り、金融法人は銀行、生命保険会社、あるいはノンバンクといった金融機関が相手になるので機関投資家顧客に対するサービスが求められがちですし、これに対して事業法人部門は金融機関以外の法人が相手になるので、資金調達の案件などが多くなります。証券会社によっては、あえて両者の区別は行なわずに、法人部とひとまとめにしているところもあります。

◆手数料収入減とその対処法

法人相手のビジネスとなると、動く金額も大きいため、リテール営業部門に比べて大きく稼ぐことのできるセクションというイメージが強いかと思います。しかし、特に株式の大口取引については、小口取引の株式委託手数料自由化に先駆けて自由化が行なわれ、価格競争にさらされてきました。そのため、金融法人や事業法人を相手にした株式取引は、現在、単純に実行したので

業界知識ミニ解説 **【転換社債】**正式名称は「転換社債型新株予約権付社債」。発行会社の株式に転換できる権利の付いた社債のことで、発行後、一定期間をおいて株式への転換が可能になる。

は、儲かりにくいビジネスになっています。顧客のオーダーを利用して自己売買を上手に行なってトレーディング益を稼ぐといった儲け方が必要になっています。なかには外国債券のように、株式に比べれば手数料を取り易い金融商品もありますが、少なくとも株式取引に関して、法人から来た注文を市場につなぐだけでは、十分な利益を稼ぐことができないというのが現状です。

今までのように、株式の売買注文をつなぐだけでは収益にならないとなれば、あとはビジネスの内容を工夫していくしかありません。たとえば、相手が事業法人であれば、子会社の上場を提案する、転換社債など株式以外の資金調達方法を提案するというように、単純に株式の売買注文をつなぐこと以外の取引を提案する形になります。M&Aを絡めて、それに必要な資金調達のお手伝いをするといったケースもあるでしょう。

◆外資とも競合する

国内系の証券会社にとって厳しいのが、この分野が外資系証券会社の主戦場でもあるということです。基本的にリテール営業部門を持たない外資系証券会社は、法人ビジネスを主体としており、そこに経営資源の多くを投入してきています。また、かつてのように外資系証券会社に対する、一種のアレルギーのようなものがなくなった今、日本の金融法人、事業法人の多くが、外資系証券会社との取引枠を広げています。かつてのような楽な商売は成り立たなくなり、今後、最も競争の激しいセクションになるのは間違いないでしょう。

調査部門

POINT
調査部門は、内外の経済動向の調査や企業調査を行ない、本体の一部門として属す場合と系列会社として独立した経営を行なう場合に分けられる。

◆経済調査や企業調査を行なう調査部門

証券会社で「調査部門」といえば、おもに経済調査や企業調査に携わる人々を指しています。なかでも中心が、企業調査を行なうアナリストと呼ばれる職種の人たちです。

アナリストは基本的に自分の担当業界、企業について調査をし、レポートを書くことが仕事です。調査対象企業の財務諸表やデータを調べ、経営者や役員などにヒアリングを行なうこともあります。また、その企業の株価についても「買い」「売り」「中立」などの判断を下すことも一般的です。

このレポートは、金融法人や事業法人などで株式投資を行なっているところに配布され、投資判断に役立てられることもありますし、ネット証券会社のように個人向けのリサーチレポートを作成しているところもあります。また最近では、テレビや雑誌などのマスコミ媒体に頻繁に登場するアナリストもいます。

また、アナリストの他に、経済調査を担当するエコノミスト、さらに、投資家に投資戦略の提案を行なうストラテジストと呼ばれる職種もあり、各々、証券会社を代表して、頻繁にメディアに登場します。

調査部門については、大なり小なり、どの証券会社でも持っているセクションですが、証券会社によっては本体の一部門として有している場合と、外部の研究機関として有している場合とに分かれます。

たとえば大和総研のように、大和証券グループの系列会社として、半ば独立した経営が行なわれているところがあります。

このように、調査部門の位置づけは証券会社によってまちまちですが、一番大きな問題は、アナリストのコストをどうやって賄っていくかということです。アナリストの仕事は、前述したように企業調査がメインですから、それ自体が直接、手数料収入を発生させることはありません。

もちろん、そのアナリストが顧客から評価されると、レポートを読んだり、話を聞いたりするために注文を出してくれる金融法人や事業法人が出てきますから、その意味では間接的に手数料を稼ぐことに貢献しています。

しかし、最近は手数料そのものが下がっているため、証券会社本体でアナリストを大勢抱えていても、彼らを高額の報酬で雇うことが難しくなっている面があります。そのため、最近の証券会社は、あらゆる業種にまたがって、フルラインナップで専門アナリストを揃えるというケースが少なくなっています。

また、証券会社に所属していながらアナリストが、いかにして中立性を維持するかという問題もあります。たとえば、ある会社が株式を上場するに際して、どうしてもその主幹事を取りたいと考える証券会社が、自社のアナリストに、その会社の株式価値などについて実態以上に高く評価させ、それを手土産に主幹事を獲得するといった行動に出ることも考えられるのです。

確かに、このようにすれば、主幹事として莫大な手数料収入を得ることができますから、証券アナリストも十分、自分の報酬に見合った働きをしたことになりますが、それではアナリストとしての中立性に疑問が生じてきます。高い株価がつけば、上場企業の社長は機嫌が良くなりますし、証券会社が受け取る手数料も増えますが、一方で高い株価で買わされる投資家がいるわけで、そこに利益相反が生じてしまうのです。

このように、アナリストは常に稼ぎの部分と中立性・客観性の部分で板ばさみになっているという現実があります。とはいえ、アナリストとして名前が売れるようになれば、他の証券会社への転職も簡単になるというメリットはあります。会社に頼らず、自分自身の実力だけで渡り歩くことができるという意味では、やりがいのある職業のひとつではあるでしょう。

商品開発部門

POINT

商品開発担当者に求められる能力は金融自由化の進展とともに変わり、現在はデリバティブを活用するための数学的能力が最低限必須である。

◆以前は法律知識とお役所との折衝が仕事だった

新しい金融商品やサービスを企画し、開発を行なうのが商品開発部門の仕事です。

かつて、金融行政によって証券会社のビジネスが厳しく律せられていた当時、商品開発担当者にとって必要な要素は、法律をはじめとする制度的な知識であり、担当官庁である金融庁（かつては大蔵省証券局）のお役人との交渉力でした。

「こういうアイデアで新商品を開発したらどうか」というアイデアが生まれたら、それが現行の法制度と照らして違法ではないかどうかを調べ、違法でなければ監督官庁に持ち込み、認可をもらう。それが商品開発部門の仕事だったのです。

◆商品開発担当者に求められる能力

ただ、最近は商品開発担当者に求められる要素も、少しずつ変わってきているようです。

というのも、まずデリバティブを活用した商品が増えており、この分野に詳しいスタッフを揃える必要性が高まってきたからです。

折しも金融自由化が大きく進展したため、役所の認可が必要なビジネスが減って、以前のように監督官庁と細かい折衝を行なう必要は、なくなってきました。今の商品開発担当者に求められる要素は、お役人との交渉力よりも、どちらかといえばデリバティブ絡みの金融商品を組成するのに必要な、高度な数学的能力などが必要になってきているのです。また、法律の知識は、どういった仕組みの商品や売り方なら違法にならないかといった点に関して、海外の制度も含めて必要なこともあり、高度化しています。

また、証券化ビジネスが盛んになってきていますから、たとえば不動産の証券化を行なうのであれば、不動産に関する豊富な知識も必要になってきます。

もちろん、すべての知識を一人でカバーする必要はありません。不動産の証券化であれば、不動産に詳しい専門家がいて、証券化に詳しい専門家がいれば、協力して商品開発を行なうことができます。それぞれについて専門部署を有している証券会社もあります。

その意味では、商品開発部門があらゆる商品開発を一手に握って進める必要もないということになりますが、各々の専門家を使いこなす知識はやはり必要です。

世の中の情勢を見極めて、その時々に最も人気の出そうな商品のアイデアを考え付く能力と制度的、金融技術的に何が可能なのかを判断できる広い知識が、これからの商品開発担当者には必要です。

トレーディング部門

POINT

人気職種のトレーダーはこれまで狭き門であったが、最近では中小の証券会社で契約トレーダーになる道もあり、間口が広がっている。

◆トレーディングは完全能力（結果）主義の世界

もう何度か本書でも出てきているので、改めて説明するまでもないとは思いますが、トレーディング部門は株式や債券などを、証券会社の自己資金を用いて売買し、収益を上げる部門です。ある意味では、切った張ったの世界でもあり、リテール営業部門とはまったくイメージの異なる世界です。外資系証券会社の場合、自分の腕ひとつで高給を稼ぎ出す人も少なくありません。

人事の下剋上もある証券業界において、この分野にはまだ徒弟制度的な色彩が残されています。新入社員でこのセクションに配属されると、先輩トレーダーのアシスタント的な仕事を任され、その仕事の合間に少しずつ、トレーディングを覚えていくことが一般的です。

アシスタントという下積み時代を経て、徐々にポジションを持たせてもらえるようになります。そして、儲けたり損をしたりを繰り返しながら、徐々に一人前のトレーダーに育っていくのです。もちろん、一人前のトレーダーになれば、先輩も後輩もありません。基本的に一番稼ぐことのできたトレーダーが、一番偉いということになります。

業界知識
ミニ解説

【ポジション】株式や債券、通貨などの持ち高のこと。たとえば株式を1万株買っていたとしたら、その投資家は「1万株の買いポジションを持っている」ことになる。

◆トレーダーになるには

どうやったらトレーダーになれるのでしょうか。入社する際に希望を出すことはできるでしょうが、この仕事に就きたいと考える若者は多く、なかなか狭き門であるのも事実です。

ただ、ひと頃に比べると、トレーダーになるための道は広がってきました。証券会社に正社員として就職し、そこでトレーダーになるだけでなく、中小証券会社の契約トレーダーになるという道もあるのです。最近ではややピークを過ぎてきた感はありますが、今でも中小証券会社のなかには、契約トレーダーを募集し、一定のトレーディング枠を与えて株式の売買を行なわせ、そこで収益を上げることのできたトレーダーに対し、利益の何割かをボーナスとして与えるといったことが行なわれています。

道は広がっても、相変わらず生き残りが難しい世界でもあります。特に契約トレーダーの場合、契約を結ぶ際に自己資金を入れることを条件として課せられるケースもありますが、なかには会社に大損させてしまい、損害賠償などでもめているという話も聞きます。いずれにしても、稼げれば大きいけれども、損をすると即クビが待っている厳しい世界であることを、頭に入れておいたほうがいいでしょう。

コンプライアンス部門

POINT
バブル崩壊後、証券会社に不祥事が頻発したことを受け発達してきたのがコンプライアンス部門。不祥事の発生を未然に防ぐのが役割。

◆コンプライアンス部門の位置付け

証券会社のセクションは、大きく3つの系統に分けることができます。

一つ目は「フロント」といって、収益を稼ぎ出す部門。リテール営業や法人営業、あるいはトレーディング部門などがこれに属します。

二つ目は「ミドル」といって、直接収益を稼ぎ出しているわけではありませんが、その業務内容が、間接的に証券会社のビジネスを行なううえで必要とされるものです。リスク管理部門やコンプライアンスがこれに相当します。

三つ目は「バック」。これはいわゆるバックオフィス部門のことで、経理や総務、人事など、後方支援を仕事としているセクションのことです。

◆会社の信用力を維持する社内の監視役

このなかで最近、比較的勢力を拡大しつつあるのが、コンプライアンス部門です。コンプライアンスとは「法令遵守」のことで、要は営業担当者やトレーディング部門のスタッフが、ルールに則ってビジネスを行なっているかどうかをチェックする部門と考えていいでしょう。

特にバブル崩壊後、証券会社の不祥事が頻発したこともあり、多くの証券会社がコンプライアンス部門を設け、自らの襟を正すような努力を行なってきました。

証券業界は、儲けられるうちに儲けるという性質が強いせいか、ともすれば「行き過ぎ」とも思われる行動に出ることがあります。

80年代バブルの時は、株式投資でありながら、元本を保証したうえで企業の資金運用を行なっていた証券会社が数多く発覚しましたが、要は、少しでも収入を上げようという気持ちが強いばかりに、ルール違反も辞さないという傾向があったのです。

ただ、最近は企業の社会的責任が厳しく問われるようになり、このようなルール違反を行なっていると、会社の信用が傷つき、それが会社の経営そのものに影響を及ぼす恐れが生じてきました。「ルール違反を平気で行なう証券会社とは取引できない」などとそっぽを向かれてしまったら、その証券会社は店を畳むしかなくなってしまいます。

それだけに、ルール違反を自らチェックする体制が必要になり、新たに設けられたのがコンプライアンス部門なのです。確かにコンプライアンスそのものは直接、利益を生むわけではありませんが、ルール違反による信用力の低下を防ぐという意味において、証券会社の経営を下から支える重要なセクションです。

◆本当の意味でのコンプライアンスの達成は難しいのが現状

米国の証券会社になると、コンプライアンス部門のトップは、大体その会社のナンバー・ツーであり、社長に対して「ノー」も含めて直接意見を言える権限を持ってそのポジションに就くというケースが一般的です。日本の場合、まだまだその辺の認識が甘く、社長の下に管理本部があり、その下にコンプライアンス部があって、コンプライアンス部長がいるといった構造になっていますが、それでは、管理本部からコントロールされる形でのコンプライアンスでしかありません。自分達をコントロールしている人たちを取り締まるというのは非常に難しい行為であり、その意味において日本の証券会社にコンプライアンスが根付くには、まだまだ時間がかかりそうです。

ちなみにコンプライアンス部門で働くためには、法律知識や商品知識など、幅広い業務知識が求められます。その意味では専門性が高く、転職も比較的容易な仕事ということが言えます。

過去数年、ヘッドハンターから、「英語のできるコンプライアンス担当者でいい人はいませんか」といった問い合わせが頻繁にありました。また、別の会社のコンプライアンス担当者同士が仲良くしていて、職を紹介し合うようなケースもあるようです。

一方、コンプライアンス部門から「必要だ」と言われると、これに対する反論は難しいので、コンプライアンス部門が自己増殖的に仕事と人を増やすようなケースもあり、コンプライアンスが重要であることは論を待たないのですが、コンプライアンス部門の効率的なコントロールも重要な課題の一つです。

経営企画部門

経営企画部門とは、社長直轄のセクションであり、経営の方向性を策定するという重要な役目を持つ部署です。

特に監督官庁との関係を密にする必要があった時代には社内で大きな権力を持っていました。かつては大蔵省（現在の金融庁）が強大な権限を持っており、新しい商品やサービスを提供するにしても、いちいち大蔵省にお伺いを立てなければなりませんでした。そこで当時、大蔵省と直接折衝を行なったり、あるいは行政の動向を探るという役目を果たしていたのが、通称MOF担（モフ担）と呼ばれていた人たちであり、その人たちが所属していたのが経営企画部門だったわけです。

POINT

経営企画などのバックオフィス部門が役割を果たしていたのは、金融自由化前のこと。現在はバックオフィスの大幅な見直しの必要に迫られている。

◆経営企画部は必要か、それとも不要か

しかし、現在は当時のように金融行政の権限が大きいわけでもなく、自由化が進んだことから、MOF担や、その人たちが所属している経営企画部門の権限そのものも、縮小傾向にあります。というよりも、未だに経営企画部門が社内を取り仕切るような証券会社は、競争に生き残ること

業界知識ミニ解説
【MOF担】MOFとはMinistry Of Financeの略で、財務省（旧大蔵省）のこと。MOF担とは、銀行や証券会社の社員で、旧大蔵省に出入りし、情報収集とともに官庁と会社のつなぎ役を果していた。

ができないと考えるほうがいいのかもしれません。

前述したように、証券業界は変化のスピードが速い業界です。したがって、経営者と現場の間に経営企画部門というクッションを置くと、経営判断のスピードが鈍る恐れがあるのです。現場は現場で企画機能を十分に持っていなければ機能しませんし、また会社全体の経営方針の策定については、取締役会などで行なえば、十分に事は足りるはずなのです。

一方、営業企画部については、現在の日本の証券会社にはまだ必要な面はあると思います。伝統的にこのセクションは、たとえば投資信託や債券などの募集を行なうに際して、支店別に目標金額を割り振り、達成度合いを管理するといった仕事をしてきました。

ただ、大手証券会社の最近の傾向を見ていると、支店ごとに営業戦略を持たせるような経営方針を採るケースも出てきており、そうなると本部の営業企画部門がこれまで担っていた役割は、少なくとも、かつてとは違うものになります。

システム部門

POINT

ネット証券会社において、システム部門は命運を分ける重要部門。投資家がシステムの使い勝手を基準に証券会社を選ぶためである。

直接収益を稼ぐわけではありませんが、今後、比較的重要なポジションになると思われるのが、システム部門です。

◆証券会社におけるシステムの役割

証券会社のシステムは、大きく分けて2つの流れがあります。

ひとつは「バック」のシステムです。これは、お金や証券の出入りを管理したり、顧客のデータを管理したりするためのものです。

もうひとつは「フロント」のシステムと呼ばれるもので、たとえばトレーダーがマーケットの分析を行ない、どのようなポジションを取るべきか、あるいは現在のポジションのリスクをどう分析するかといった場合に用いられるものです。

システム部門に所属するシステムエンジニアと呼ばれる人たちは、たとえばトレーダーがポジションをリスク管理する際に、このようなシステムはないか、あるいはこのような画面が欲しいといった要望に応じて、システムのチューニングをしたり、新しいプログラムを書いたりします。

ミニ業界知識解説

【トレーディングシステム】ネット証券会社が投資家向けに提供する株式売買の情報ツール。リアルタイム株価情報のほか、さまざまな経済・金融ニュースが流されてくる。

◆ネット証券会社ではビジネスの勝敗を左右する

特にネット証券会社の場合、システム部門は会社の命脈ともいうべきものです。ネット証券会社を通じて株式取引を行なっている個人投資家は、いかに使い勝手の良いトレーディングシステムを提供してくれるかによって、取引先となるネット証券会社を決める傾向があるからです。そのため、多くのネット証券会社が、顧客に提供するトレーディングシステムの開発に力を注いでいます。

もちろん、システムにパーフェクトはありません。取引量が捌きれないほどの量になれば、システムダウンを起こす恐れもあります。

ただ、そのような事態はできる限り避けなければならないわけで、その意味ではシステムに対する信頼性が、これからの証券ビジネスの勝敗を分けるといっても過言ではないでしょう。

◆専門家が少なく、高い報酬が得られることも

この分野も専門知識が必要とされます。プログラムに対する知識は当然ですし、同時に証券ビジネスについても理解していなければ、証券取引のシステムを構築することはできません。そして、この分野に精通しているシステムエンジニアはまだ少数なので、能力的に優れている人であれば、より高い報酬で他社に転職することもできます。最近では、証券会社でシステムを作っていた人たちが独立して、トレーディングシステムの構築を専門に行なう会社を設立、上場させる事例も出てきました。

Column

証券マンの出勤スタイル

証券マンの出勤スタイルを見るには、東京圏の方は、出勤時間に地下鉄東西線に乗って、茅場町駅の乗降客を見るといい。ついでに大手町（銀行が多い）の乗降客と較べてみよう。服装・表情・雰囲気が何となく違うはずだ。証券マンの出勤スタイルの一典型をご説明しよう。

まず、スーツはややゆったり目を着ることが多いし、金融の他業界よりもダブルのスーツの比率が高い。やはり、お客様の目に触れる姿は、なるべく「豊か」に見える方がいい。さらに、毎日、しっかり光るまで靴を磨いて出勤することが望ましい。一日一日が勝負なのだ。

加えて、特徴的なのは、手には日経新聞だけを持って出勤することだ（全員ではないが）。もちろん、会社に着くまでに日経は一通り読み終わっている。理想的には、朝、家を出る前にはニュースに目を通し、電車のなかでは必要があれば気になる記事を「復習」する程度で、裏面の連載小説などを読みながら余裕をもって会社に着く。

そして、帰り道では、基本的に手ぶらだ。

もちろん職種によって多少の差はあるのだが、証券マンは、基本的に、その日の仕事をその日のうちに終えていなければならない。仕事を家に持って帰るようではいま一つだし、万が一にも大事な書類を電車の中に忘れるようなことがあってはならない。仕事柄、お酒を飲む機会も多いから、身軽でかつ安心な手ぶらが一番なのだ。

家に帰ったら、気分転換して、ＷＢＳ（テレビ東京系、「ワールドビジネス・サテライト」）でも見て、再びマーケットを気にして、早めに寝る。翌朝は早い。

（山崎元）

第5章

早わかり証券業界史

■戦前の証券市場と終戦
■「銀行よさようなら、証券よこんにちは」時代の幕開け
■証券不況と日銀特融
■いざなぎ景気からオイルショックへ
■第二次オイルショックとバブル経済の誕生
■そしてバブル崩壊
■損失補てん問題で証券会社の信用失墜
■名門証券会社の破綻
■金融ビッグバンで大きく変わった業界勢力地図
■ＩＴバブルとその崩壊
■再び復活への道をたどるか？

戦前の証券市場と終戦

POINT
日本の証券取引所は明治時代に開設。第二次大戦による休会などの苦難を切り抜けてきた。戦後は朝鮮戦争による特需が、株式市場に活気を与えた。

◆日本の証券業の始まり

東京日本橋の兜町のシンボルといえば、東京証券取引所です。この地に証券取引所が設立されたのは、今を遡ること１００年前、１８７８年（明治11年）５月のことです。

時の明治政府は、殖産興業策のひとつとして、株式会社制度を導入する一方、さまざまな公債（債券の一種です）を発行しました。その公債を取引する場として設けられたのが、東京株式取引所（東京証券取引所の前身）です。

取引所の免許を出したのは、当時の大蔵卿大隈重信。株式取引所の設立に奔走したのは、澁澤栄一、三井養之助といった実業界の実力者たちでした。こうして兜町には東京株式取引所を中心に、さまざまな企業が進出するようになり、日本有数のビジネスセンターとなったのです。

現在ではインターネットや電話での取引が当然ですが、当時はもちろん電話などはなく、着物姿の小僧たちが取引所と株式仲買店の間を走り回り、注文をつないでいったといわれています。

◆金融恐慌のなかの東京株式取引所

業界知識ミニ解説 **【取り付け騒動】**「あの銀行がつぶれるらしい」といった噂などが流れることによって、大勢の預金者が預けてあるお金を引き出そうとして店頭やATMの前に列をなすこと。

しかし、東京株式取引所は、1923年（大正12年）の関東大震災によって焼失。兜町界隈は焼け野原となりました。それを契機に、兜町界隈には耐震設備の整った近代的な建物が次々に設立され、いよいよ日本のビジネスセンターとしての地位を固めていくのです。

関東大震災から4年後の1927年。すでに元号は昭和に移っていましたが、そのなかで金融恐慌が勃発。きっかけは、関東大震災による被害を救済する目的で発行された「震災手形」が、債務不履行になる恐れが出てきたからです。

この処理を進めるなか、当時の片岡直温大蔵大臣が、「東京渡辺銀行が破綻した」と失言したのをきっかけに、各地で銀行取り付け騒動が発生。金融恐慌が現実のものとなりました。

さらに、大手商社の鈴木商店が経営破綻に陥り、鈴木商店に巨額の融資をしていた台湾銀行も経営破綻の危機に瀕し、金融恐慌はさらに深刻化していったのです。

金融恐慌は一旦、終息に向けて動き出したかに見えましたが、追い討ちを掛けるように襲い掛かったのが、金融恐慌の2年後、1929年に米国で起こった「暗黒の木曜日」でした。ニューヨーク市場で株価が大暴落し、米国は繁栄の1920年代に終止符を打ちました。

しかも、当時は第一次世界大戦の戦後処理の真っ最中。戦争に負けたドイツは巨額の賠償金を抱え、その他の欧州地域もまだ戦争の痛手から脱却していませんでした。彼らは米国からの資金供給によって、徐々に戦後復興に向けて歩み始めていましたが、それも「暗黒の木曜日」によって足止めを余儀なくされたのです。米国発の恐慌は世界中に広がり、そのなかで日本も当然のことなから世界大恐慌の波に飲み込まれることになりました。

◆わずか2年余りしか続かなかった日本証券取引所

金融恐慌に続いて世界大恐慌と、度重なる経済混乱によって、株式市場の取引もどんどん落ち込んでいきました。そして1931年（昭和6年）、満州事変の勃発とともに、株式市場も徐々に戦時体制へと移行していきました。1943年（昭和18年）には、日本全国に11カ所あった証券取引所が統合され、半官半民の営団組織「日本証券取引所」が設立されています。

その後、日本の戦況はどんどん厳しい状況に追い込まれていき、1945年（昭和20年）には本土空襲も激しさを増していきました。こうしたなか、株式市場の立会いも休会が多くなり、長崎に原子爆弾が投下された8月9日、日本証券取引所は「当分休会」を宣言しました。

◆財閥の解体と証券民主化運動

1949年（昭和24年）に東京証券取引所が開設されますが、5月16日に先駆けて、財閥が解体されました。これは1945年（昭和20年）から1952年（昭和27年）にかけて行なわれたGHQによる日本占領政策の一環であり、「侵略戦争遂行の経済的基盤」となった財閥を解体させることによって、日本の経済力に制約を加えようとしたのです。

もともと財閥は、持株会社がさまざまな企業の株式を保有することによって、一大企業グループを形成するというものです。その財閥が解体されれば、持株会社が保有している株式は、市場に流れ込んできます。つまり大量の株式が、国民に対して放出されることになるのです。そのため、東京証券取引所の開設に先立って、全国的に証券民主化運動が行なわれました。

こうした努力が実を結び、日本における株式取引が再開された頃には、個人投資家の比率が飛躍的に伸びました。1949年（昭和24年）の株式分布状況調査によると、金融機関、事業法人等、個人の持株比率はそれぞれ、9・9%、5・6%、69・1%となっています。実に7割近くの株式が、個人投資家によって保有されています。

◆朝鮮戦争特需で株式市場は復活

しかし、財閥解体はその後の占領政策の転換によって、大幅に内容が緩和。1950年（昭和25年）に勃発した朝鮮戦争で、日本を「反共の砦」とみなした米国は、日本の経済発展が何よりも重要であると考え、それまでのきつい締め付けを、徐々に緩和させる方向に動き出したのです。

朝鮮戦争による特需は、日本の戦後復興を大幅に早める結果をもたらしました。また、それにともなって、国内株式市場の取引も活況に沸きました。朝鮮戦争が始まって1カ月後の日経平均株価は、取引所再開以来の最低水準である85円25銭まで下がっていましたが、その後は朝鮮戦争の特需を受けて、1950年末には100円の大台を回復。1953年2月4日には474円43銭まで値上がりしました。取引所再開後の最低水準だった1950年7月の水準と比べて、約2年半で日経平均株価は5・6倍にまで値上がりしたのです。

これによってようやく日本経済は、戦後の痛手から立ち直り、本格的な高度経済成長に向けて始動しました。

「銀行よさようなら、証券よこんにちは」時代の幕開け

POINT

1960年代は投資信託が個人投資家の間で人気化し、短期間で株価は急騰したが、日銀の金融引締めを契機に投資信託の解約が相次ぎ株価は続落した。

◆投資信託の流行で平均株価が上昇

好景気の波に乗って、株価は順調に値を上げていきました。日経平均株価は1960年、ついに1000円の大台を超えます。

株価がどんどん値上がりすれば、個人も資産運用に対する関心を高めていきます。こうしたなか、新しい資産運用の手段として、投資信託が脚光を浴びることになりました。その当時、よく使われたキャッチフレーズが、「銀行よさようなら。証券よこんにちは」というものです。ちなみにこのキャッチフレーズは、日興證券（現日興コーディアル証券）の静岡支店長が考えたといわれています。これからは間接金融ではなく、直接金融の時代になる。資産運用も銀行預金中心から、投資信託などのリスク商品が注目されるようになる。こうした当時の証券業界の勢いが、このようなキャッチフレーズを生んだのでしょう。

投資信託を通じて、多くの個人資金が株式市場に流れ込みました。1961年には、投資信託全体の資産規模は1兆円を突破。株式市場はさらに値上がりを続け、1961年7月には182

ミニ業界知識解説

【金融引き締め】市中に流通するお金の量を減らすこと。景気が過熱気味になり、物価上昇圧力が強まった時などに行なわれる。一般的には公定歩合などを引き上げ、金融引き締めが行なわれる。

9円まで上昇します。

◆投資信託の相次ぐ解約で株価は続落

この当時の証券市場を言い表す言葉として、もうひとつ有名なものがあります。それは、「池の中を鯨が泳いでいる」というものです。

小さい池に、大きな身体の鯨が入ったら、当然、鯨は身動きが取れなくなってしまいます。つまり、ここで言う池は証券市場、鯨は投資信託です。当時はまだ、東京証券取引所の市場規模そのものが小さく、そこに投資信託を通じて巨大な資金が一気に入ってきたため、買うから上がる、上がるから買うというような、相場上昇の最終局面的な様相を呈することになりました。これが、わずか1年とちょっとで、日経平均株価が1・8倍にもなった原因です。

しかし、このような状況が長く続くはずはありません。1961年7月、日本銀行は金融引締めを実施し、株価が下落し始めます。実は当時、投資信託が元本割れする商品などとは知らずに購入していた個人投資家が多く、運用成績のマイナスにろうばいして解約が相次いだのです。解約が相次げば、投資信託会社はファンドに組み入れてある株式を売却して、解約資金を手当てしなければなりません。こうした動きから、株価はどんどん下げ続けました。

証券不況と日銀特融

POINT
戦後の「40年不況」に入り景気は後退局面に入った。証券会社でも山一證券が倒産寸前に追い込まれたが、日銀特融で生き延びることができた。

◆証券業界を揺るがした「40年不況」

１９６５年、戦後の証券業界を揺るがす大事件が発生しました。日銀の公定歩合引き上げによって景気は後退局面に入り、山陽特殊製鋼が倒産。山一證券も倒産寸前に追い込まれたのです。いわゆる「40年不況」です。当時の証券会社は、日本経済の拡大にともなって、ひたすらに拡大路線を突っ走っていました。しかし、業容の拡大とは裏腹に、経営基盤は極めて脆弱だったのです。その結果、「40年不況」時においては、実体経済は比較的短期間のうちに回復局面へと向かいましたが、証券会社の経営は長期にわたって厳しい状況が続いたのです。

「40年不況」前後の株式市場を見ると、岩戸景気後の不況によって、１９６２年頃から株式市場は低迷していました。翌１９６３年にはさらに停滞色が強まり、１９６４年１月には株式を買い支える中立機関として日本共同証券が設立されました。

当時の日経平均株価は１２００円前後。１９６１年７月18日につけた日経平均株価の高値が１８２９円ですから、実に30％以上も下げたことになります。日本共同証券は、日経平均株価１２

業界知識ミニ解説　**【日銀特融】**金融機関が経営破たんの危機に直面した時、預金者などを混乱させないように、日銀法に基づいて行なわれる緊急融資のこと。日銀は緊急融資その他の手段を用いて、金融システムの安定化を図る。

00円を攻防ラインとして、株価の買い支えを行ないました。しかし、その努力もむなしく、株価は1200円を割り込みました。1965年の年初には1227円だった日経平均株価ですが、同年5月26日には1110円を割り込んだのです。

◆首の皮一枚でつながった山一證券

山一證券の危機については、在京の大手マスコミに報道管制が敷かれていましたが、たまたま報道管制の対象になっていなかった地方新聞がこの動きをキャッチし、5月21日付けの朝刊で、これを報じました。その結果、証券会社の前に人が列を成して資金の引き出しを急ぐ取り付け騒動が勃発。事は山一證券だけでなく、他の証券会社にも波及する勢いとなりました。こうしたなか、山一證券はついに資金繰りに窮することとなり、5月28日に時の大蔵大臣、田中角栄氏が、金融システムの破綻を防ぐため、無担保・無制限の日銀特融を実施したのです。

これによって山一證券は救済されましたが、4大証券の順位では最下位に転落。97年の自主廃業まで、ついに業界トップに返り咲くことはありませんでした。

また、最終的に日経平均株価は、1965年7月12日に1020円まで下落しましたが、それが株価のボトムになりました。大蔵大臣は田中角栄氏から福田赳夫氏へとバトンタッチされ、福田蔵相は戦後初の国債発行を決断。これにより景気対策が行なわれ、日本経済は再び成長期に突入していきました。もちろん、それにともなって株式市場も徐々に活気を取り戻し、戦後の高度経済成長を支えることになったのです。

いざなぎ景気からオイルショックへ

POINT
１９６５年から１９７３年にかけては戦後最長のいざなぎ景気、固定相場制から変動相場制への移行、オイルショックなどが株価を大きく上下動させた。

◆戦後最長の好景気

１９６４年から１９６５年にかけての「40年不況」が終わると、日本は戦後最長の好景気、「いざなぎ景気」へと突入していきます。１９６５年11月から１９７０年７月まで、何と57カ月もの長期にわたって、景気が拡大し続けました。ＧＤＰ成長率は10％以上に達し、まさに日本は高度経済成長を謳歌。ちなみに1968年、日本は世界で第2位の経済大国にのし上がっています。

この間の日経平均株価のピークは、１９７０年４月の２５３４円。いざなぎ景気はその３カ月後に終わります。そして日本は、これまでの高度経済成長から安定成長へと移行していきました。つまり、いざなぎ景気の終わりは、日本の高度経済成長時代の終焉でもあったのです。

１９７０年代の国内株式市場は、経済が安定成長期に差し掛かったことに加えて、さまざまな試練を乗り越える必要がありました。

◆為替の固定相場制の崩壊とその後

１９７１年８月16日、ニクソンショックが起こります。ドルを防衛するため、ドルと金の交換が停止されたのです。

これにより、1ドル＝360円という為替の固定相場制は事実上崩壊し、変動相場制へと移行していきました。円はドルに対して大幅高となり、日本企業の輸出競争力低下が懸念され、株価は大幅に下落したのです。この日、日経平均株価は215円の急落となり、さらに19日までの4日間で、550円もの下げ幅を記録したのです。

しかし、国内株式市場は再び回復局面に向かいます。思ったよりも輸出競争力は低下せず、貿易黒字は増加の一途をたどります。また、外貨準備も増え続けました。

その結果、金余りの状況になりましたが、企業の設備投資意欲が後退していたことから、余ったお金が土地や株式の購入に回ったのです。

それによって、1971年12月末には2700円台だった日経平均株価は、1972年12月末に5200円台まで上昇。さらに1973年1月24日には5359円という高値をつけました。1年間ちょっとでほぼ2倍まで株価は上昇したのです。

もちろん、このような急上昇は長くは続きませんでした。1973年2月には固定相場制が完全に崩壊し、米、麦、石油など自然のなかから採取される産出品である一次産品の価格が急騰。さらに1973年の秋口には第一次オイルショックが起こり、1974年の秋口までに、日経平均株価は3355円まで下落。1973年1月につけた高値を抜くのは、1978年に入ってからのことでした。

第二次オイルショックとバブル経済の誕生

POINT

第二次オイルショックでは、金融引締めに成功したが、プラザ合意後の金融政策に失敗。余剰資金が土地と株式に向かいバブル経済ができあがった。

◆金融引締め策が功を奏した第二次オイルショック

１９７８年に入り、ようやく日本の株式市場は活況を取り戻し始めました。財政出動によって景気も回復局面に転じ、それに呼応するかのように、株価も上昇トレンドに突入したのです。

１９７９年には第二次オイルショックに見舞われますが、この間も株価は堅調に上昇を続け、日経平均株価は１９８１年８月に８０００円台の高値をつけました。

第一次オイルショックでは狂乱物価に見舞われたことから、第二次オイルショックへの日銀の対応は早く、１９７９年４月17日に、公定歩合を０・７５％引き上げたのを皮切りに、１９８０年３月19日まで５回もの引き上げを実施。公定歩合は９・０％という過去最高水準に達しました。

公定歩合とは日本銀行が市中の金融機関に貸し出す際の基準金利です。公定歩合が引き上げられれば、銀行がお金を貸し出す際の金利も高くなり、市中に出回るお金の量が減ります。インフレは市中に出回るお金が多過ぎて金余りとなり、通貨の価値が落ちて物価が高騰する現象ですから、オイルショックのようなインフレを抑制するには有効な金融政策なのです。

実際、こうした対応の早さから効果も高く、物価は徐々に低下。これを受けて、再び金融緩和に転じたことから、景気は回復へと転じました。

ただ、この景気回復は実に短く、再び日本の景気は後退局面に入りました。景気基準日付によると、第二次オイルショック下の景気は1980年2月にピークをつけ、1983年2月に底を打つまでの3年間にもわたる、戦後最長（当時）の不況を経験することになったのです。

ちなみに、第二次オイルショックで公定歩合が引き上げられたにもかかわらず、株価が上昇を続けた背景には、外国人投資家の存在があります。産油国が原油輸出によって蓄積した外貨を運用するため、資金が日本の株式市場に流れ込んできたのです。

◆バブルはなぜ起きたか？

1983年初頭から国内景気は回復へと転じ、それが1985年9月まで続きます。しかし、この景気回復も、1985年9月22日のプラザ合意によって、腰を折られる形になりました。急激な円高ドル安に見舞われた結果、輸出大国だった日本は大きなダメージを被る形になったのです。

プラザ合意とは、米ニューヨークのプラザホテルに集まった米、日、英、独、伊という5カ国の蔵相・中央銀行総裁が、ドルの切り下げについて合意した会議のことです。当時、米国の企業は、経済の実力以上にドルが過大評価されたことから輸出競争力を失い、産業空洞化現象に苦しんでいました。そこで、先進5カ国の間でドルの調整を行ない、米国の産業界を救済しようという話し合いがもたれたのです。

この合意のもと、日本をはじめとする先進国の通貨当局は、積極的なドル売り介入を実施。これにより、プラザ合意をはさんでわずか1年のあいだに、1ドル＝240円から150円まで円高ドル安が進みました。

短期間のうちにこれだけ円高が進んだことによって、日本企業の輸出競争力は後退。いわゆる「円高不況」に突入しました。日本の製造業は、海外に生産拠点を設けるようになり、日本の産業空洞化が真剣に議論されたのも、この時期です。

◆バブルの元凶はどこに？

日銀は不況対策として、1986年1月から1987年2月にかけて、5回にわたる公定歩合の引き下げを実施。プラザ合意直前には5・0％だった公定歩合は、1987年2月には戦後最低（当時）の2・5％まで低下しました。加えて、1986年3月以降、日本の通貨当局は、「すでにドルは十分に下がった」との判断から、それまでの円買いドル売り介入を逆転させ、円売りドル買いを行ないました。

しかし、それでも円高の勢いは止まらず、さらに積極的な円売りドル買い介入を行なうことになりました。その結果、日本の外貨準備高とマネーサプライが急激に増加しました。これが過剰流動性を生み、バブル経済を発生させる元凶となったのです。

◆余剰資金が向かったのは土地と株式

ミニ業界知識解説
【外貨準備高】通貨当局（日本の場合は日銀と外国為替資金特別会計がこれに相当する）が保有する金と外貨建て資産の総額。外貨売り円買いの為替介入を行なう際の原資になったり、対外的な支払いにも利用される。

折しも、日本と米国の間では貿易摩擦が深刻化。戦後の長きにわたって、輸出主導で経済発展を遂げてきた日本でしたが、そろそろ経済構造を転換させる必要性が高まってきたことから、それまでの外需主導から、内需主導経済への転換を目指すことになりました。内需拡大という掛け声のもと、過剰流動性と超低金利による資産運用難、これに内需拡大に対する期待感が渾然一体となり、地価や株価を大きく押し上げることになりました。

「財テク」という言葉が流行ったのもこの時期です。1987年2月にはNTTが東証一部に上場。大勢の個人投資家がNTT株に群がり、当初の売り出し価格である119万7000円が、1カ月後には301万円まで暴騰しました。

米国では1987年10月にブラックマンデーが起こり、株価が大幅に下落。世界同時株安となり、日本の株式市場もその影響を受けましたが、どの国よりも早く株価は立ち直り、そのまま1989年12月末の3万8915円まで上昇しました。その年末、多くの経済評論家や株式関係者は、日経平均10万円を予想していたほどに、株価は過熱状態にあったのです。

そしてバブル崩壊

株価下落は突然、やって来ました。当時、株式市場はイケイケドンドンであり、「新年最初の株価はご祝儀相場で値上がりする」と誰もが信じていました。しかし、１９９０年１月４日の大発会は、日経平均株価の下落でスタートしたのです。この日、日経平均株価は１９８９年の大納会を２０２円下回りました。

当時、まさかこの下げをきっかけに、２００３年４月までの長期にわたって株価が下落し続けることになるとは、誰も夢にも思いませんでした。日経平均株価はこの12年４カ月の間に、３万８９１５円から７６０７円まで下落したのです。率にして何と80・46％ものマイナスです。

◆バブル崩壊後の株価の動きは主に3つの局面に分かれる

この間の日経平均株価の動きを見ると、大きく分けて３つの局面に分けることができます。

第一局面は、１９９０年初めから１９９２年８月にかけての下落局面。この間に日経平均株価は、３万８０００円台から１万４０００円台まで下落しました。まさに、バブル崩壊と言うにふさわしい下げ方です。

POINT
金融政策の誤りがバブルを崩壊させ、その後のマクロ経済の悪化、金融システム不安やデフレ問題を喚起し、株価は長期間低迷し続けることになった。

第二局面は、1992年8月から2000年4月にかけての長期持合い局面です。この間に、幾度となく株価が上昇に転じる兆しが見えました。1995年半ばから1996年半ばにかけて。そして、1999年初めから2000年4月にかけての上昇局面です。特に2000年4月にかけての上昇相場は、世に言う「ITバブル」によるものでした。

第三局面は、ITバブル崩壊後の大幅な下落です。2003年4月28日、ついに日経平均株価は7607円の最安値をつけました。

◆バブル崩壊と長期にわたる株価下落の要因

こうした長期株価下落局面における共通点として、もちろんマクロ経済の悪化もありましたが、それとともに金融システム不安やデフレの問題がありました。

ちなみに第一局面の前半では、まだ日本のマクロ経済そのものは堅調でしたが、金利が大幅に引き上げられたことが、株価にとって大きなネガティブ要因になりました。日銀は1989年中に3度にわたって公定歩合を引き上げましたが、1990年に入ってからもさらに2回の引き上げを行ない、最終的には6・0%としました。

時の日銀総裁は、三重野康氏。「平成の鬼平」と呼ばれ、バブル退治の立役者と評価されましたが、その後、平成不況が深刻化したことから、金融政策の誤りが不況を深刻なものにしたなどと糾弾されることになりました。

いずれにせよ、金利の大幅上昇は、株価にとってマイナス要因になります。公定歩合の上昇によって、株価は下落の一途をたどりました。また、不動産の総量規制などが行なわれた結果、不動産投資も低迷し、地価の下落が始まりました。

これらに加え、１９９０年8月に起こったイラクのクウェート侵攻、そして湾岸戦争が、株価の下落に拍車をかけました。

何よりも大きな問題は、第一局面の初期段階における株価下落は、１９８９年末までの行き過ぎとも言うべき株価上昇の修正とも見られましたが、それ以降の株価下落は、地価の下落とあいまって、金融不安やマクロ景気の本格後退、そしてデフレ経済へとつながっていったことです。バブル当時は、１日で20億株もの出来高に達したこともありましたが、１９９２年になると、１日の出来高が2億株を割り込むこともある厳しい状況に陥ってしまったのです。

この頃になると証券業界でも「何かがおかしい」というムードが広まってきました。当時はまだ株式委託手数料の自由化は行なわれていませんでしたが、一日の出来高が2億株では、証券会社の経営はどんどん苦しくなる一方でした。もちろんその頃はまだ、この株価低迷がさらに10年以上も続くなどということは想像もできず、「まぁ、何とかなるだろう」という楽観的なムードが、わずかながらも残っていたのです。

損失補てん問題で証券会社の信用失墜

POINT

損失補てん事件の発覚後、証券会社の信頼は地に落ちた。証券業界は信頼の回復を目指し、補てんの温床となった取引を禁じ、証券取引の監視機関を設けた。

1989年12月にかけての株高で、わが世の春を謳歌していた証券業界でしたが、それがルールから逸脱した違法な取引によって支えられたものだとしたら、どうなるでしょうか。

◆証券業界全体で行なわれていた損失補てん

事が発覚したのは1991年6月初めの新聞報道でした。業界最大手の野村證券が、大口顧客の株式取引で生じた損失を補てんしていたというのです。

本来、損失も含めてすべて自己責任で行なわれるはずの株式取引ですが、野村證券と取引していた一部の大口取引先は、損失補てんによってノーリスクで、株式投資のハイリターンを享受していたのです。

しかも、損失補てん問題は野村證券一社に止まりませんでした。7月29日には四大証券会社が日本証券業協会を通じて損失補てん先リストを公表。翌々日の31日には準大手、中堅の証券会社13社が、損失補てん先リストの公表に踏み切ったことから、問題は業界全体に広がっていることが発覚しました。

◆損失補てん問題が証券市場に与えた影響

損失補てん問題だけではありません。暴力団との間での不透明な取引も明らかになり、証券不祥事問題は社会問題へと発展していったのです。これにより、証券業界に対する信頼は地に落ちました。

言うまでもなく、一部の大口顧客に対する損失補てんは、投資家の証券市場に対する信頼感を失墜させることになります。証券市場は公開された取引の場であり、そこの取引に参加する投資家は、個人投資家であれ大口の法人投資家であれ、共通のルールに基づいて取引に参加する必要があります。それを、一部の大口顧客にのみ損失を補てんするような取引慣行がまかり通れば、投資家間の公平性が損なわれ、株式市場の存在意義がなくなってしまいます。

しかも、株価形成そのものを歪める恐れもあります。株価はリスクも織り込んで形成されるものですが、「損失が生じても補てんしてもらえる」という前提のもとに株式が買われているとしたら、そこで形成される株価は、リスクを織り込まずに形成されたものになります。このような株価が適正な価格とはとても思えません。

いわば1989年末にかけての株高は、歪められた価格形成に基づいたものと考えられるのです。事実、損失補てん問題が発覚してからの株価は下げ足を速め、1991年6月時点で2万5000円前後だった日経平均株価は、1992年8月にかけて1万4000円台まで下落しました。

業界知識ミニ解説 **【証券取引等監視委員会】** 証券市場で不正な取引が行なわれていないかどうかを監視する機関。インサイダー取引や風説の流布などを取り締まることで、マーケットの公正、透明性を維持している。

損失補てん問題後は、証券市場への信頼は地に落ち、出来高は細る一方でした。資金の調達先として株式市場は機能マヒ状態に陥り、株価は上がったり下がったりを繰り返すボックス圏での推移が続くことになったのです。

こうしたなか、さまざまな証券市場改革策が打ち出されました。1992年7月8日には、取引一任勘定取引の原則禁止が打ち出されました。取引一任勘定取引とは、証券会社が顧客から売り買いの別、銘柄、取引数量、価格のすべてについて判断を一任されたうえで株式取引を行なうことです。この手の一任勘定取引が損失補てん問題の温床になったとの判断から、取引一任勘定取引は禁止されました。

それとともに、損失補てんも禁止されました。証券会社だけでなく、顧客の側から利回り保証や損失補てんを条件として取引を行なうことも禁止されたのです。

そして、こうした違法な取引を取り締まる目的で、日本版ＳＥＣともいえる「証券取引等監視委員会」が設置されました。同委員会は強制捜査権を持つ行政機関であり、損失補てんや利回り保証だけでなく、相場操縦やインサイダー取引、風説の流布など、公正な市場取引を維持するうえで問題と思われる取引が行なわれた場合、それを捜査し告発する権限を持っています。

こうして証券市場は、少しずつ投資家の信頼を回復させるべく努力を積み重ねてきました。しかし、証券市場の試練はまだまだ続き、ついには名門証券会社の自主廃業というところまで、事態は深刻化していったのです。

名門証券会社の破綻

POINT

名門証券と呼ばれた山一證券は自主廃業に追い込まれた。顧客の損失補てんや自己売買で被った損失をカバーしきれなかったことが大きな理由である。

1997年11月は、金融不安がピークに達した月として、多くの人々の記憶に留められたことでしょう。

11月3日、三洋証券が3736億円の負債を抱えて会社更生法を申請。同月14日、日経平均株価は再び1万5000円を割り込みました。17日には北海道拓殖銀行が自主再建を断念し、北洋銀行に営業譲渡を行ないました。

さらに、11月24日には山一證券が自主廃業を申請。名門証券会社は100年の歴史に幕を閉じることになりました。

◆金融システム不安の引き金となった不良債権問題

たったの1カ月間で、著名な金融機関が次から次へと経営破綻し、金融システムに対する不安感が一気に高まりました。株価も、何とか1万4000円の水準を維持しようとしますが、結局、1998年に入ってからはさらに下げ足を速め1万2000円台まで下落していきます。

そもそも金融システム不安が高まったのは、銀行が大量の不良債権を抱え込んだことにあります。日本の銀行は土地を担保にして、企業などに多額の資金を融資していました。融資を受けていた企業は、バブルの崩壊によって経営が苦しくなるなか、借りたお金を返すことができず、資金繰りに窮していきました。

もちろん、銀行は融資の返済が受けられなくなる場合を想定して、土地を担保にとっていましたが、これまた地価の下落に歯止めがかからず、担保として押さえたはずの土地が、担保割れの状態になってしまったのです。つまり、担保として押さえた土地を売却して、融資した資金の回収をはかろうとしても、担保価値の下落によって、融資した資金を回収できない状況に陥ったのです。その結果、金融機関の経営に対する不安感が高まりました。こうしたなかで、名門証券会社の破綻が起こったのです。

◆山一證券の破綻

山一證券の場合、破綻の直接的な引き金になったのは、顧客の損失補てんや自己売買で被った損失を、自社のバランスシートに掲載せず、そのまま損失が膨らんだ結果、信用力が大きく後退して資金繰りに窮したというものです。

「帳簿に掲載されていない巨額の損失がある」ということが、ウワサにせよ市場に飛び交うようになると、日々の資金繰りをつけるための短期の資金調達が困難になります。最終的には、こうした短期資金を融資してくれる金融機関が不在の状況となり、山一證券は経営の継続を断念せざるを得ない状況に追い込まれました。

金融ビッグバンで大きく変わった業界勢力地図

POINT
金融ビッグバンにより株式委託手数料が自由化され、インターネット証券会社が誕生し、力をつけてきた。また、投資信託が銀行で販売され始めた。

1996年11月、当時の橋本内閣が提唱したのが、金融ビッグバンです。

1980年代バブルの頃の東京株式市場は、ニューヨーク、ロンドンと並ぶ世界三大市場のひとつと言われましたが、その後のバブル崩壊や不良債権問題などで、日本の金融市場は機能停止状態に陥り、世界の流れから取り残される状況でした。東証外国部の上場企業は、「もはや東証に上場するメリットがない」ということで上場廃止が相次ぎ、東京にアジアの拠点を置いていた外資系金融機関の多くが、香港やシンガポールへと拠点を移していったのです。まさに金融空洞化とも言うべき状況になり、その事態を打開するために提唱されたのが金融ビッグバンでした。

◆金融ビッグバンが証券業界に与えた影響

金融ビッグバンは、「フリー」、「フェア」、「グローバル」をテーマに、日本の金融市場を世界的に通用するものに構築しなおすという狙いで行なわれました。なかでも、証券市場にとって大きな影響があったのが、株式委託手数料の完全自由化です。

それまで、株式委託手数料は大口部分のみが自由化されていましたが、金融ビッグバンで、小口部分も含めて、株式の委託手数料を完全に自由化することになったのです。

その結果、多くのインターネット証券会社が誕生しました。それまで証券会社といえば、全国に支店を設け、営業担当者を配して戸別訪問を行なうなど、いわば高コスト体質でしたが、インターネット証券会社は店舗を持たず、個別訪問を行なう営業担当者もいないため、経営コストが極めて安く済みます。その結果、対面営業を行なう証券会社に比べて、株式委託手数料を大幅に引き下げることができ、それを武器にどんどんシェアを拡大していきました。

今や個人の株式売買については、インターネット証券会社のシェアが大きく拡大し、業界最大手の野村證券をも追い抜く勢いです。少なくとも個人の株式取引に関していえば、三大証券会社時代は終わったと言ってもいいでしょう。

また、投資信託販売にも大きな変化が生じました。証券会社のほぼ独占状態だった投資信託の販売ですが、1998年12月からは銀行窓口での販売が解禁されたのです。当初は、「銀行員に投資信託など販売できるはずがない」という意見が証券業界から聞こえてきましたが、今では銀行が販売している株式投資信託のシェアは、ほぼ50％に達しようとしています。投資信託の販売によっても、業界勢力地図が大きく塗り替えられつつあるのです。

特にインターネット証券会社の登場によって、国内株式市場に個人投資家が戻り、出来高も急増するようになったのです。ＩＴバブルがピークに向かうなか、個人投資家の資金は直接、あるいは投資信託を通じて株式市場に流れ込み、それが株高へとつながっていきました。

ＩＴバブルとその崩壊

POINT
ＩＴ企業に期待が集まり、株価は急騰。「ＩＴバブル」となったが、崩壊後は金融システム不安などが浮き彫りになり株価は再び下落した。

◆ＩＴ企業への期待で株価は上昇

20世紀最後の相場の山が、１９９９年から２０００年４月にかけてのＩＴバブルと、その後の崩壊です。日本ではインターネットの普及が本格化し、その秘められた可能性が大きな期待感でもって迎えられました。

主役はＩＴ企業です。ソフトバンクや光通信といった新興企業から、ソニー、富士通をはじめとする大企業まで、およそＩＴに関連する企業の株式は、とにかく何でも買われました。クレイフィッシュという日本のＩＴ関連企業が、ＮＡＳＤＡＱ（米国の店頭市場）に上場したということも話題を呼びました。久々に大きな材料が出たということで、まさに日本の証券市場は沸き上がったのです。

日経平均株価も、ようやく底を打ったかのように上昇トレンドに突入していきました。日経平均株価は、１９９９年の初めに１万３０００円台をうろうろしていましたが、２０００年３月には２万円台を回復しました。

しかし、株価の上昇もそこまで。その後、日経平均株価は2003年4月まで、再び長期下落局面に突入。日経平均株価はついに1万円の大台すらも割り込み、2003年4月28日には7607円の最安値をつけたのです。

◆ITバブルの崩壊後

ITバブルの崩壊は日本だけではありません。米国でもまさにバブル崩壊と言うにふさわしい、大幅な株価下落局面を経験することになりました。通信関連銘柄が多い米国ナスダックの指数は、1996年は1000ドル前後で推移していましたが、ITバブルがピークをつけた2000年3月10日には、5048ドルに達しました。

しかし、その後はITバブルの崩壊によって株価が下げ続け、2002年には再び1000ドル台まで下落しました。ITバブル崩壊で多くのIT企業は倒産に追い込まれ、IT関連失業者は56万人にも達しました。

しかも、2001年9月に起こった同時多発テロの影響で、米国の消費マインドは大幅に後退。クリントン政権下で、戦後最長の好景気を謳歌してきた米国も、いよいよ景気後退局面へと突入していきました。

米国景気の悪化、世界的デフレ懸念、そして日本の場合は以前から抱えていた金融システム不安が悪材料となり、日本の株価は底なし沼のごとく下げ続けたのです。

再び復活への道をたどるか？

POINT

株式市場は復活の道をたどりつつある。りそな銀行の国有化による金融システム不安払拭が株価回復の大きな要因になったと見る向きが強い。

◆復活しつつある株式市場

金融不安を背景に株価は下落し続けましたが、それが底を打ったのは、りそな銀行の国有化が決定したからとの見方があります。

りそな銀行は、2003年3月に設立された「スーパー・リージョナルバンク戦略」のもとで大和銀行とあさひ銀行が合併し、2003年3月に設立されました。しかし2003年4月22日には、決算処理の解釈をめぐって監査法人と対立。自己資本比率が国内銀行基準を満たす4％を下回り、2％台まで低下することが確実になりました。そのため、公的資金による資本注入が行なわれ、りそな銀行は国有化されたのです。この時に注入された資金は、1兆9660億円にもなりました。

りそな銀行が破綻するとの噂から、日本の株価はどんどん下落し続けましたが、国有化が決まるやいなや、株価は上昇傾向に転じました。株価上昇の理由はいろいろですが、りそな銀行への公的資金投入によって、「日本の金融当局は、これ以上、大手銀行を破綻させるつもりはないようだ。これで日本の金融システム不安は払拭された」との見方が外国人投資家の間に広まり、日本

業界知識ミニ解説 **【大納会】**その年の最終取引のこと。基本的には12月30日になる。それとは逆に、その年の最初の取引を大発会という。こちらも基本的には1月4日になる。

株への買い安心感が高まったというのが大方の見方です。

こうして、日本の株価はようやく、上昇トレンドへと突入していきました。２００４年は、前年が堅調に推移したこともあり、株価的には低調な1年でしたが、翌２００５年は力強い上昇トレンドを描きました。日本の企業も、過去10年間にわたる積極的なリストラ策が功を奏し、過去最高益を更新する上場企業が続出しました。企業業績が回復し、さらにマクロ的に景気回復期待が強まれば、株式市場にも資金が流れてくるようになります。個人投資家の取引が急増した結果、1日当たりの出来高が40億株を超える日もありました。１９８０年代のバブルの頃でさえ、１日当たりの出来高は20億株がピークでしたから、２００５年の株式市場が、いかに活況だったかがわかろうというものです。

ジャスダックや東証マザーズ、ヘラクレスといったベンチャー市場が整備され、東証や大証のような証券取引所に上場するのに比べて、緩い基準で上場できるようになったことも、株式取引の活発化につながっています。日経平均株価は、２００５年12月30日の大納会で、１万６１１１円まで上昇し、久々に証券関係者の間に笑顔が戻ってきました。

今後も、日本の証券市場では大きな変化が起こるでしょう。そして、変化するだけでなく、市場規模自体も拡大していくものと思われます。証券ビジネスが持つポテンシャルは非常に高く、ビジネスチャンスにも恵まれていきます。ただ、競争そのものは今後、さらに激化していきますから、証券ビジネスに携わる人たちには自分一人でやっていける実力が求められるのです。

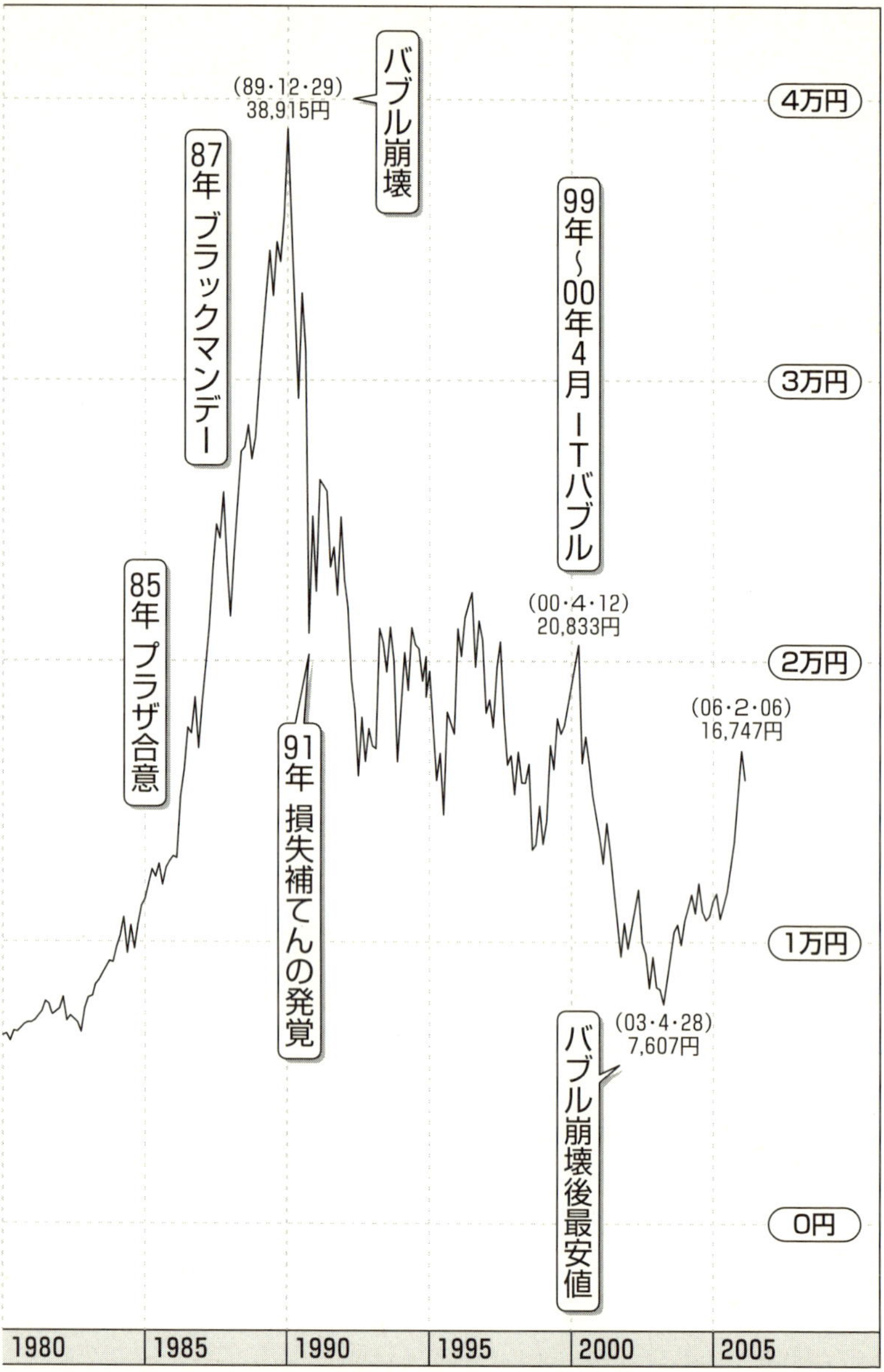

(89・12・29)
38,915円
バブル崩壊
87年 ブラックマンデー
85年 プラザ合意
91年 損失補てんの発覚
99年〜00年4月 ITバブル
(00・4・12)
20,833円
(06・2・06)
16,747円
(03・4・28)
7,607円
バブル崩壊後最安値
4万円
3万円
2万円
1万円
0円
1980
1985
1990
1995
2000
2005

【付録】東証日経平均株価の推移

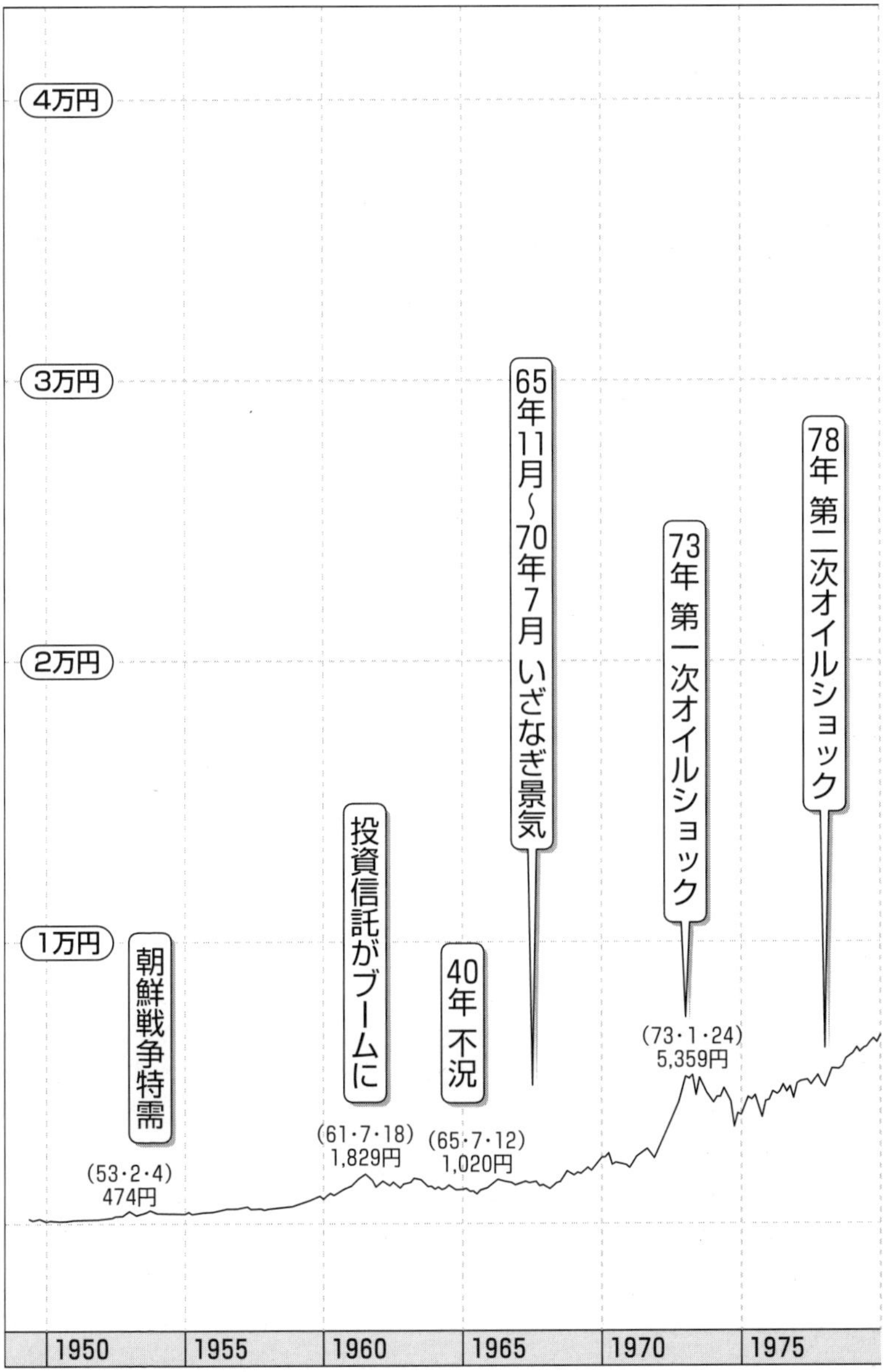

4万円
3万円
2万円
1万円
朝鮮戦争特需
投資信託がブームに
40年 不況
65年11月〜70年7月 いざなぎ景気
73年 第一次オイルショック
78年 第二次オイルショック
(53・2・4)
474円
(61・7・18)
1,829円
(65・7・12)
1,020円
(73・1・24)
5,359円
1950
1955
1960
1965
1970
1975

Column

山一證券自主廃業の教訓

1997年11月、あの山一證券が自主廃業に追い込まれた時、著者は山一の社員だった。だが、実は、報道前日まで「たぶん外資に身売りするだろう」と思っており、自主廃業とは思っていなかった。会社の「危なさ」というのは、なかに居ると案外わからないものだ。

証券業というビジネスはリスクと背中合わせだ。過去20年くらいの間にも、ドレクセル・バーナム・ランベール証券（米国）、ベアリング証券（英国）といった、米英の大手証券会社が倒産している。山一も日本の「大手4社」の一角であることを誇っていた。その他、「倒産の危機」まで含めると、内外の大手証券でさらに複数のケースの名が挙がる。かつて断然の日本一だった山一が凋落し、米国でもソロモン・ブラザーズ証券が衰退したように、盛衰の入れ替わりも激しい。

愛社精神も大切だが、それ以上に、自分自身がどこでも喰えるような一人前の証券マンであることが大切だ。会社の安定にすがり、自分のプライドの拠り所を特定の会社に依存するようでは心許ない。

証券分野に限ったことではないが、個人の人材価値を裏付ける資産になるのは、一に「顧客」であり、二に「業務知識」だろう。そして、これら何れについても、現実の仕事の実績・経験で裏付けられていることが大切だ。自主廃業後の山一マンの再就職でも、多くが直接・間接に「自分の」顧客に助けられたし、何らかのスキルを持っている社員の再就職が相対的に容易であった。

船がいきなり転覆しても自分で泳げるようでありたい。

（山崎元）

対談

著者が語る
証券マン時代

山崎元

鈴木雅光

―活気に満ちた80年代の証券業界―

鈴木　山崎さんといえば、三菱商事を皮切りに、国内外の証券会社を渡り歩き、今はオンライン証券会社の楽天証券の経済研究所で客員研究員をされていますが、最終章では、さまざまな証券会社を見られてきた山崎さんに、証券業界でのサバイバル術などを伺いたいと思います。よろしく御願いします。

山崎　こちらこそ。鈴木さんも証券会社にいたことがあるんだよね。

鈴木　入社したのが89年ですから、もう16年も前になりますね。

山崎　当時の証券会社といえば、バブルのピークの頃でしたから、随分と仕事もハードだったんじゃないですか。

鈴木　そのせいで、わずか2年間で尻尾を巻いて辞めてしまった口ですけどね（笑）。

当時はまさに「どぶ板営業」ではないですけれども、新入社員はとにかく自分の担当地域をくまなく歩いて、名刺を配りまくりましたね。「社長」と書かれた名刺を何枚集めてこられるかということを競ったり、新規開拓の件数を競って優秀な成績を収めた人には社長賞が出たり。まあ、とにかく自分でお客さんをつかまえることを徹底的にやらされました。

山崎　で、嫌になって辞めてしまったと。

鈴木　そうですね。もともとマスコミ志望でしたから、営業の途中で面接を受けに行ったりね。

山崎　今、考えてみると、これはばれたら懲戒免職処分になるのかな。

鈴木　山崎さんも随分と転職を経験されていますが、証券ビジネスの世界に足を踏み入れたのはいつですか。

山崎　85年が最初の転職の年だね。三菱商事から野村投資信託委託（現野村アセットマネジメント）という運用会社に転職したんだよ。

鈴木　どのくらいいらっしゃったのですか。

山崎　確か、87年の3月までだから、2年と1カ月だね。当時は野村投信が伸びている時期だったし、何よりもバブルの立ち上がりの時期だったから、運用を始めるにしても非常にタイミングの良い時期だった。当時の野村證券の社員といえば、それはもう肩で風を切って歩いているというか、まあ一言で言えば威張っていた（笑）。だから、証券会社というと、その野村證券のイメージが非常に強く残っている。

鈴木　当時の証券会社といえば、「四大証券会社」という言葉で括られてはいましたけれども、やはり「一強三弱」というイメージが強いくらいに、野村證券は本当にガリバー証券会社でしたよね。

山崎　でもね、僕がいた頃が、あの証券会社のピークなんじゃないかな。

鈴木　それはまたどうしてですか。

山崎　株価がすべてを物語っている。野村證券の株価を見ると、87年が過去最高値なんだよね。

株価的にバブルピークをつけた89年の株価でさえ、87年の株価よりも安かったんだ。で、その後は皆さんもご存知のようにバブル崩壊。株価はどんどん下げていった。やはりあの当時が、野村證券のピークだったんだと、今でも思うよ。

鈴木 私が証券業界に足を踏み入れた時期は、もうバブルも最終局面だったわけですが、山崎さんの場合、まさに証券業界が大きく伸びている真っ只中にいらっしゃったわけですよね。三菱商事から証券業界に転職されて、どのような印象をお持ちになりましたか。

山崎 やはり追い風の威力というか、旬の業界というものは、凄いなあと思いましたね。当時はまだ証券会社って、優秀な学生が行くところではなかったんだよね。優秀な学生は、官庁や総合商社や大手都銀、あるいは損保を目指していましたから。

でも、そのなかでも野村證券の人間が一番、肩で風を切って歩いていたんじゃないかな。それはもう、過剰なくらいに自信を持たせて、どんどん煽っていくと、10年くらいしたらそれなりに格好がついていくものだからね。恐らく、三菱商事の社員の方が優れていたとは思うのだけど、業界の勢いがあると、どんどん一人前の社員が育っていく。やはり成長期にある会社に勤めているというのは、ある意味、非常に良いことだと思ったね。

鈴木 そのような環境のなかで、ファンドマネジャーをなさっていたんですね。

山崎 そうだね。ただ、当時の投資信託会社って、証券会社の子会社のような位置にあったから、投資信託会社の経営者というのは、大体が証券会社からの天下り組。実際に働いてみると、運用会社の仕事と証券会社の仕事というのは、だいぶ違いがあることがわかるけど、その証券会社から来た人が、運用会社の経営を行なっているんですね。そこにちょっとした疑問を覚えるようになって、投資信託会社を辞めることになったんだ。

鈴木 その後に信託銀行などをはさんで、外資系証券会社に移籍したわけだけど、鈴木さんの証券会社時代というのは、どういう感じだったの。

支店営業でしたから、もう朝から晩まで外周り。セブン・イレブンなんて揶揄されましたけど、まさに朝7時に出社して、夜11時にようやく解放されるって感じですね。とにかく新規顧客を開拓してこいということで、ひたすら商店街を歩いていました。

山崎 やはり目標数字のようなものはあったのかな。

鈴木 ノルマ営業ですね。新人の頃はひたすら投資信託を売っていました。証券外務員試験が行なわれるのが6月で、それまではひたすらお勉強の日々なんですけど、その試験に通れば営業として外周り。確か最初のノルマが投資信託500万円、その次が1000万円というように、どんどんノルマが上がっていきましたね。

実は証券会社の入社試験を受ける時に、面接官に「ノルマってあるんですか?」と聞いたんですよ。そうしたら、「ノルマはありませんが、自己目標はあります」だって(笑)。結局、同じことなんですけどね。

山崎 当時、野村證券で営業をしていた人に話を聞くと、毎月毎月ノルマの数字が大きくなっていった。で、上司からは「君たちはこんな新しい、素晴らしい仕事にチャレンジできるんだから頑張れ」などと言われて、それこそ青息吐息でこなしていたなんて言うね。

鈴木　ノルマ証券なんて揶揄した言葉もありましたしね。

山崎　野村證券の社章をもじって『へとへと証券』とかね。

鈴木　先輩社員がこんなことを言っていましたね。ホワイトボードに各人のノルマが書いてあって、注文を取ってくると、その数字が徐々に小さくなっていく。それを見て『俺たちの仕事は、いくら頑張ってもゼロにしかならん』。かなり自虐的ですけどもね。

山崎　まあ、そういう後ろ向きの話もあるんだろうけど、全体的に見てやはり勢いはあった。頑張れば不可能はない、みたいな自信というか、雰囲気があったね。当時の証券業界には。でも、それが大きく揺らいだのが、例の証券不祥事。株価の下落とともに損失補てん問題や総会屋問題などが一気に噴出してきた。社長が辞め、さらに97年には山一證券が倒産する。90年代は反省の機運が生まれた10年間という感じだね。

―ビジネスも人間関係もドロドロした外資系証券の実態―

鈴木　山崎さんは当時、すでに外資系証券会社に移られていたのですよね。

山崎　そう。日本の証券会社が苦しんでいたあの時期、外資系証券会社は儲かっていたんだよね。その頃、鈴木さんは？

鈴木 転職していて、証券関係の業界紙の記者をしていました。

山崎 外部の目から見て、なぜ外資系があれだけ儲かっていたのだと思いますか。

鈴木 当時、『デリバティブは金融の米である』なんて言われていましたけど、やはりこの手の新しい金融工学を日本に持ち込んだからでしょうか。

山崎 そうだね。日本の証券会社があまり慣れていないビジネスをいち早く持ち込んで、一気に市場のイニシアティブを取っていった。

鈴木 山崎さんは複数の外資系証券会社を渡り歩いていますけれども、当時の、外資系証券会社の転職事情ってどういうものだったんですか。

山崎 僕がメリルリンチ証券に入社したのが94年。で、95年にはパリバ証券に移ったのだけれども、その時は同じ証券会社に勤めていた友人たち3、4人のグループを作って、一緒に企画書を作成して、それを新しい証券会社に持ち込んで採用してもらうという企画持ち込み型のグループ転職でした。

鈴木 結構、チームごと一緒に同じ証券会社に転職するといった動きが活発でしたよね。

山崎 そうだね。たとえばトレーダーが転職することになると、そのトレーダーが使っているコンピュータのプログラムを書いてくれるSE、業界ではシステムデベロッパーなんて呼んでいたけど、彼らやバックオフィス部門のスタッフたちも一緒になって転職してくるというケースが結構あったね。

鈴木　それはなぜですか。

山崎　仕事の立ち上がりが早いから。やはり息の合ったメンバーが一緒に移ってくるから、新しいビジネスを立ち上げる時も、一からメンバーを選んでスタートさせるよりも仕事の立ち上がりが早い。そういった人事のあり方なども、恐らく外資系が日本のマーケットで大きく儲けられた要因のひとつだと思うよ。

ただ、チームごと転職してくるというのは、仕事の立ち上がりが早いというメリットがある反面、チームごと辞められてしまうというリスクも経営側にはあるよね。またチームの一員だと、一人だけそこから抜けて辞めるということがしにくい。そういうリスクは確かにある。

鈴木　外資系の証券会社って、何かこう、とてもスマートなイメージがありますけれども。

山崎　それは外部から見ているからでしょう。内部は結構、ドロドロした世界だったりするんだな、これが。たとえばビジネスの中身ひとつにしても、デリバティブなんかは、金融工学などと称して非常に煌びやかなイメージがあると思うんだけど、ではなぜそのビジネスが求められたのかというと、ある意味、それを購入する企業の決算対策だったりするんだよ。

当時は違法ではなかったのだけれども、粉飾に近いというか、非常にギリギリの線でビジネスをするんだなという印象を受けたね。それで、これがまた証券会社にとっては儲かる商売なんだ。デリバティブというと、非常に複雑な計算を使って商品を組成していくんだけど、それは最先端の金融工学でリスクヘッジをするためというよりも、証券会社が受け取る手数料が直接、顧客から見えないようにするために使われている面もある。

このようなデリバティブを組み合わせた債券を、たとえば100億円売ると、それを売った証券会社には数億円の手数料が入る。結果、セールスマンには何千万円かのボーナスが入るという仕組みだね。

鈴木 人間関係なんかはどうですか。外資系というと、ドライというイメージがありますが。

山崎 それが、決してそうではないんだな。実はとてもドロドロしている。足の引っ張り合いなんかも日常茶飯事。たとえば、この人は何月何日に接待をしていることになっているけれども、実は部下を連れて呑みに行っている、というようなことを、ニューヨークの本部にメールで告げ口してしまうとかね。それで、ついこの間「よろしく御願いします」とか言って挨拶に来た人が、半年くらいで「さようなら」と言って辞めてしまう。1年いると、3年くらいいたような感じにくたびれてしまう。それが外資系証券会社の実態。

——経営環境も社内の環境もスピード展開するネット証券会社——

鈴木 その後、山崎さんは生命保険会社の運用部門やシンクタンクの勤務を経験されて、今、楽天証券経済研究所におられますが、国内外の証券会社をいろいろと見てこられた山崎さんの目で見て、オンライン証券会社はどう映っているのでしょうか。

山崎　ここには毎日出社しているのではなくて、会社との契約でレポートの執筆などの仕事をしていて、必要な時に出社するという形態で働いているんだけれども、まあ、1年近く、この六本木ヒルズのオフィスに通って思うのは、人間と部署がどんどん増えていっているということだよね。

もともとオンライン証券会社というと、株式売買のシステムがあって、顧客の注文をネット上でつないでいるだけというイメージがあったのだけれども、今は調査部門もあるし、引受部門もある。しかも口座数は月に1万件以上のペースで増えている。こういう動きを見ていると、何か新しい証券ビジネスの業態ができてきているんだなという印象を強く持ちますね。

昔の証券会社といえば、誰彼となく電話をかけていて、セールス一人ひとりが大きな声で自分の相場観のようなものを顧客に語っているというイメージが強いのだけれども、オンライン証券会社のオフィスは割と静か。昔のイメージからすると、ここは本当に証券会社なんだろうかという印象です。

鈴木　オンライン証券会社の場合、新卒採用はあるんですか。

山崎　なかには新卒を採っているところもあるけれども、まだある程度、証券業界の経験を持っている人を中途で採用するというパターンが多いね。会社自体が成長の真っ最中だから、どのくらいのサイズで会社の規模を均衡させれば良いのかということが見えてこないし、何よりも新しい部署を立ち上げるに際しては、やはり業界経験者じゃないとうまく仕事が立ち上がらないという面もある。だから、新卒よりも中途採用の方が多いんだよ。

鈴木　競争もどんどん激しくなりそうですね。

山崎　マーケットに再び逆風が吹けば、淘汰されるところも出てくるだろうね。オンライン証券会社の場合、店舗を持った証券会社のようにセールスが一軒一軒、顧客回りをするわけではなく、たとえば、アクセス件数の多いブログに広告を貼らせてもらったり、ワンクリックで申込用紙が出てくるといったような集客の仕掛けをたくさん作っているんだけど、何しろ売買1回あたりの手数料収入は500円、1000円というように少ないから、出来高が減ってきた時はコスト負担が重くなる。

しかも、オンライン証券会社の場合、顧客側は複数の証券会社に口座を開いていて、たとえば、あるオンライン証券会社で手数料の引き下げが行なわれたりすると、その会社に一気に注文が流れる。

もちろん、顧客の取り合いはかつての証券会社にもあったわけだけれども、そのテンポは格段に速くなっているね。オンライン証券会社の競争が最終的にどういう形で落ち着くのかというのは、今の段階ではまだよく見えないというのが現実です。

——証券業界で働き続けていくための奥義とは——

鈴木　これから証券業界を目指そうとしている人、あるいはすでに証券業界にいるけれども、一体自分はこれからどうすれば良いのか悩んでいる人に対するアドバイスはありますか。

山崎　営業経験のある鈴木さんはどうなの。

鈴木　たった2年ですからね。でも、ある意味、鈍感な人が営業で生き残るという面はあるんじゃないでしょうか。数字が取れないと怒られますからね。それで、私のように途中で嫌になって辞めてしまう（笑）。

でも、周りの人間がどんどん辞めていくなかで残っていれば、辞めた人のお客さんを自分のアカウントにつけてくれる。いつの間にかトップセールスということもあるかも知れません。その状況を耐え抜くためには、やはりある意味、鈍感な人が向いているのではないかと。

山崎　それは結構、奥義かも知れないね（笑）。まあ、こんな風に割り切ってしまうといけないのかも知れないけど、別にノルマが達成できなかったからといって、命まで取られるわけじゃないしね。目標が達成できなかったとしても、それは無理な目標を立てた方にも責任があるよな、というくらいの意識の切り替えは、大事ですね。

鈴木　過去にこだわっても何も始まらない（笑）。

山崎　そうそう。昨日の相場で売り買いできるわけじゃないんだから。現在の失敗や成功に一喜一憂するよりも、これからどうすれば良いのかということを考える方が大事だよね。まあ、ある意味、反省がないということかも知れないけど。

鈴木 山崎さんはどうですか。証券会社に勤める人へのアドバイスというと。

山崎 やはり自分の顧客、マーケット、強みは何かということを常に考えていないとダメだよね。転職を繰り返してみて思うことは、結局、自分についてきてくれるお客さんを持っている人が、一番、付加価値があるということ。その次に、他人には真似の出来ない知識やスキルを持っているかどうか。このいずれかを、自分自身に蓄積していくことが、この業界で生き残っていくためには必要だと思うね。

鈴木 ありがとうございました。

山崎 こちらこそ。

Column

バイサイドとセルサイド

業界の用語で、証券会社に注文を出す方、つまり機関投資家を「バイサイド」、注文を受ける方の証券会社を「セルサイド」という。注文には「売り」もあるはずだが、こう呼ぶ慣行だ（海外でも通じる）。

ビジネスの場面では、セルサイドは注文を「貰う」立場であり、バイサイドを接待することも多く、何となくバイサイド側が威張っていることが多い。通常、バイサイドの仕事の方が心身共に「楽」だといえる。そのかわり、短期間に大きなお金を手に入れやすいのは、断然セルサイドの方だ。

一般的にいって、バイサイドにはセルサイドを、やや「汚い」仕事だと蔑む気風がある。運用成績にとって売買の手数料は大きな負担だし、セルサイドが持ってくる商品や案件には、しばしば投資家として警戒を要するものが混じっている。セルサイドを警戒する心理には、健全といえる側面もある。また、バイサイドの一流会社には、情報や相場の見方などを、セルサイドに頼るのは情けないことだという意識がある。

他方、セルサイドからバイサイドの人達に対して、大切なお客様でもあるが、少々「のろま」だという感覚を持っている。バイサイドの会社はやたらに会議が多いし、ビジネス上の動きは概してセルサイドよりも遅い。

バイサイド向きかセルサイド向きかは、働く人の性格にもよるのだろうし、どちらに先に入ったかによって決まる後天的要素もあるだろう。就職活動にあたっては、余裕があれば両方を見てみて欲しい。

（山崎元）

付録

証券会社各社のプロフィール

イー・トレード証券／SMBCフレンド証券／岡三証券／オリックス証券／カブドットコム証券／光世証券／ゴールドマン・サックス証券会社／コスモ証券／J.P.モルガン証券会社／新光証券／大和証券／東海東京証券／東洋証券／トレイダーズ証券／日興コーディアル証券／野村證券／松井証券／マネックス証券／丸三証券／みずほ証券／みずほインベスターズ証券／三菱UFJ証券／水戸証券／メリルリンチ日本証券／モルガン・スタンレー証券会社／UBS証券会社／楽天証券

※掲載50音順

イー・トレード証券

- 資本金……463億9400万円
（持株会社のSBIホールディングスは519億2332万円）
- 代表取締役執行役員社長……井土太良
- 本社所在地……東京都港区六本木1-6-1
- 電話番号……03-5562-7210（代表）
- URL……https://newtrading.etrade.ne.jp/ETGate
- 沿革

1998年	ソフトバンクと米国 E*TRADE Group Inc. が出資するイー・トレードが、大沢証券を100%子会社化。証券業の登録制移行にともない、証券業の登録を受ける
1999年	日本初のインターネットによる新規上場株式募集のブックビルディング受付。インターネット取引を開始
2002年	インターネット専業証券としては初のインターネットによる国債の募集、販売を開始
2003年	エイチ・エス証券と引受・販売業務における協力体制について業務提携
2004年	マーケットメーカーとしてJASDAQ銘柄の値付け業務を開始
2005年	アイワイバンク銀行（現セブン銀行）とのATM利用の提携

SMBCフレンド証券

- 資本金……272億7000万円
- 代表取締役社長……玉置勝彦
- 本社所在地……東京都中央区日本橋兜町7-12
- 電話番号……0120-315-602（人事部）
- URL……http://www.smbc-friend.co.jp/
- 沿革

1999年	明光証券とナショナル証券が合併して明光ナショナル証券に商号変更
2000年	山種証券と神栄石野証券が合併してさくらフレンド証券に商号変更
2001年	明光ナショナル証券が東京、大阪、名古屋の各証券取引所の一部市場に指定
2003年	明光ナショナル証券とさくらフレンド証券が合併してSMBCフレンド証券に商号変更
2004年	SMBCフレンド証券が泉証券と合併

岡三証券

・**資本金**……50億円
（持株会社の岡三ホールディングスは128億9700万円）
・**代表取締役社長**……加藤哲夫
・**本社所在地**……東京都中央区日本橋1-17-6
・**電話番号**……03-3272-2211（大代表）
・**URL**……http://www.okasan.co.jp/index.php
・**沿革**

1923年	三重県津市に岡三商店として創業
1944年	岡三証券設立
1948年	証券取引法に基づく証券業者として登録
1949年	本店を大阪府大阪市に移転
1965年	本店を東京都中央区日本橋に移転
1975年	東証および大証一部市場に株式を上場
1981年	岡三経済研究所を設立
1998年	オンライントレードサービスの提供を開始
2000年	生命保険商品の取扱いを開始
2001年	確定拠出年金制度の運営管理機関として登録
2003年	創業80周年を迎える
2005年	アジア情報館を開設

オリックス証券

・**資本金**……30億円
・**代表取締役社長**……北山久行
・**本社所在地**……東京都中央区日本橋人形町1-3-8
・**電話番号**……03-5614-3503（総務部）
・**URL**……http://www.orix-sec.co.jp/
・**沿革**

1953年	東京で茜証券として設立
1986年	オリックスグループが資本参加
1995年	商号を茜証券からオリックス証券に変更
1999年	オリックスオンラインサービスを開始。株式委託手数料の完全自由化にともない、委託手数料を大幅にディスカウント
2000年	インターネットで株式投資信託取引と株価指数オプション取引を開始。業界初、iモードで信用取引開始
2003年	「一日定額」「約定ごと」の選択制手数料サービス開始
2004年	外国為替保証金取引「オリックスFX」の取扱いを開始
2005年	中国株取引の取扱いを開始

カブドットコム証券

・資本金……71億3000万円
・代表執行役社長……齋藤正勝
・本社所在地……東京都中央区新川1-28-25
・URL……http://www.kabu.com
・沿革

1999年	日本オンライン証券、イー・ウイング証券設立
2000年	日本オンライン証券とイー・ウイング証券が合併で合意
2001年	カブドットコム証券としてサービス開始
2002年	国内証券初、株式注文の執行が5分を超えないことを保証した「SLA（サービス品質保証制度）」の導入
2003年	BNPパリバダイレクト支店からの口座移管受付に合意
2004年	単元未満の端株を売買する「プチ株®」サービス開始。旧UFJ銀行（現三菱東京UFJ銀行）と証券仲介業務提携について基本合意書締結
2005年	東証一部市場に株式を上場。また、カブドットッコム証券が属すUFJグループとMeネット証券が属す三菱東京フィナンシャル・グループの経営統合（現三菱UFJフィナンシャルグループ）によりMe証券と合併の基本合意

光世証券

・資本金……120億円
・代表取締役社長……巽大介
・本社所在地……大阪市中央区北浜2-1-10
・電話番号……06-6209-0821（代表）
・URL……http://www.kosei.co.jp/
・沿革

1961年	大阪市に光世証券設立
1971年	大阪証券取引所正会員に加入
1981年	東京証券取引所正会員に加入
1988年	大証二部市場に株式上場
1990年	大証一部市場に株式上場
1991年	東証一部市場に株式上場
1998年	証券投資者保護基金（現日本投資者保護基金）に加入
1999年	東京支店を新社屋（日本橋兜町）に移転
2001年	本店を新社屋（北浜）に移転

ゴールドマン・サックス証券会社

- **資本金**……643億円
- **代表者**……持田昌典（社長）、トーマス・K・モンタグ（社長）
- **本社所在地**……東京都港区六本木6-10-1
- **電話番号**……03-6437-1000（代表）
- **URL**……http://www.gs.com/japan
- **沿革**

1974年	東京駐在員事務所を設立
1983年	東京支店に昇格
1986年	東京証券取引所正会員に加入
1988年	大阪証券取引所特別参加者加入
1989年	東京金融先物取引所清算会員加入
1990年	大阪証券取引所正会員加入

コスモ証券

- **資本金**……323億6632万円
（持株会社のCSKホールディングスは698億5222万円）
- **代表取締役社長**……森山治彦
- **本社所在地**……大阪市中央区北浜1-6-10
- **電話番号**……06-6203-2331
- **URL**……http://www.cosmo-sec.co.jp/
- **沿革**

1917年	野村商店設立
1923年	商号を大阪屋商店に変更
1943年	商号を大坂屋證券に変更
1948年	証券取引法に基づく証券業者として登録
1968年	証券取引法の改正にともない、総合証券会社としての免許を取得
1979年	東証および大証の二部市場に上場
1981年	東証および大証の一部市場に上場
1986年	商号をコスモ証券に変更
1993年	大和銀行（現りそな銀行）に対して第三者割当増資を行ない、同行の子会社に
2002年	変額個人年金保険の取扱いを開始
2004年	りそな銀行の子会社ではなくなり、CSK（現CSKホールディングス）の子会社になる

J.P.モルガン証券会社

- 資本金……551億円
- 代表者……河野哲也（社長）
- 本社所在地……東京都港区赤坂5-2-20
- 電話番号……03-5573-1111（代表）
- URL……http://www.jpmorgan.co.jp/
- 沿革

1924年	関東大震災を受け1億5000万ドルの震災復興公債を日本政府から引き受ける
1987年	J.P.モルガン証券会社東京支店を開設
1997年	東京証券取引所の会員権を取得

新光証券

- 資本金……1251億6728万円
- 代表取締役社長……草間高志
- 本社所在地……東京都中央区八重洲2-4-1
- 電話番号……03-5203-6000
- URL……http://www.shinko-sec.co.jp/
- 沿革

2000年	新日本証券と和光証券が合併して新光証券が設立
2001年	コールセンターの設立。インターネット取引を行なう「新光ネット倶楽部」を本格稼動
2002年	生命保険販売業を開始。変額個人年金保険を取扱う。米国現地法人Shinko Securities Holdings Inc.および新光証券（U.S.A）の開設。みずほ証券と業務提携
2003年	天候デリバティブ取引の媒介に係る業務を開始
2004年	みずほ銀行丸の内中央支店内に共同店舗の第１号店「カスタマープラザ丸の内中央」を開設
2005年	東京海上日動火災保険と金融商品の開発、販売を中心とした業務提携で合意

大和証券

- 資本金……1000億円
（持株会社の大和証券グループ本社は1384億円）
- 代表取締役社長……鈴木茂晴
- 本社所在地……東京都千代田区大手町2-6-4
- 電話番号……03-3243-2111（大代表）
- URL……http://www.daiwa.co.jp/
- 沿革

1902年	大阪に藤本ビルブローカー開業
1942年	藤本証券に改称
1943年	日本信託銀行と合併し、大和証券設立
1952年	日本初のオープン型投資信託を発売
1968年	総合証券会社として大蔵省（現財務省）より免許を受ける
1986年	パソコンを使ったホームトレードを開始
1995年	株式ミニ投資取扱い開始
1999年	持株会社に移行。大和証券グループ本社を設立
2002年	創業100周年を迎える

東海東京証券

- 資本金……360億円
- 代表取締役社長……石田建昭
- 本社所在地……東京都中央区京橋1-7-1
- 電話番号……03-3566-8811
- URL……http://www.tokaitokyo.co.jp/
- 沿革

1996年	東海証券と丸万証券が合併して、東海丸万証券設立。東海証券の前身である東海商事の設立は1944年、丸万証券の前身である武田安商店の設立は1908年
1997年	山一證券、三洋証券の支店、人員を吸収
1999年	内外証券と合併
2000年	1929年に高山商店として設立された東京証券と合併。社名を東海東京証券とする

東洋証券

- 資本金……134億9468万円
- 代表取締役社長……井上武之
- 本社所在地……東京都中央区八丁堀4-7-1
- 電話番号……03-5117-1040（代表）
- URL……http://www.toyo-sec.co.jp/
- 沿革

1916年	創業
1934年	株式会社として設立
1971年	社名を東洋証券に改称
1986年	東京、大阪、広島の各証券取引所に株式上場し、現地法人東洋証券ヨーロッパ（ロンドン）設立
1987年	現地法人東洋証券亜洲有限公司（香港）設立
1988年	東証および大証一部市場に指定
1994年	上海B株代理商業務資格と上海B株国外取引受資格取得
1998年	不二証券より営業全部譲受
2005年	本社機能を日本橋から八丁堀に移転

トレイダーズ証券

- 資本金……28億357万円
- 代表取締役社長……金丸勲
- 本社所在地……東京都港区六本木1-6-1
- 電話番号……03-5114-0333
- URL……http://www.traderssec.com/
- 沿革

1999年	トレイダーズ証券を設立
2000年	上場有価証券指数先物・オプション取引等の取次による証券取引事業開始
2001年	トウキョウフォレックストレイダーズ証券へ商号変更。大阪証券取引所の先物取引等取引参加者資格を取得、日経225先物・オプション取引の委託の媒介を開始
2002年	トレイダーズ証券へ商号変更
2004年	一般投資家向けディーリング・ルーム「トップトレーダーズスクウェア」オープン
2005年	中国株式のインターネット取引サービスを開始。大阪証券取引所ヘラクレスに上場

日興コーディアル証券

- 資本金……1000億円

（持株会社の日興コーディアルグループは2333億8900万円）

- 代表取締役社長……有村純一
- 本社所在地……東京都千代田区丸の内3-3-1
- 電話番号……03-5644-3111（兜町本社代表）
- URL……http://www.nikko.co.jp/index.html
- 沿革

1918年	川島屋商店創業
1920年	(旧)日興證券設立
1943年	(旧)川島屋證券と合併し、社名変更
1944年	日興證券を設立
1948年	証券取引法に基づく証券業者として登録
1949年	東京、大阪、名古屋各証券取引所の正会員になる
1951年	証券投資信託法に基づく委託会社の登録完了
2001年	持株会社への移行にともない、証券業その他の営業の全部について、日興コーディアルグループとして新たに創業

野村證券

- 資本金……100億円

（持株会社の野村ホールディングスは1827億円）

- 代表執行役社長……古賀信行
- 本社所在地……東京都中央区日本橋1-9-1
- 電話番号……03-3211-1811（大代表）
- URL……http://www.nomura.co.jp/
- 沿革

1925年	大阪野村銀行の証券部を分離して設立
1926年	公社債専門業者として営業を開始
1927年	ニューヨーク出張所開設
1946年	本店を東京都に移転
1951年	証券投資信託法に基づく委託会社の免許を受ける
1968年	改正証券取引法に基づく総合証券会社の免許を受ける
1981年	ノムラ・セキュリティーズ・インターナショナルInc.がニューヨーク証券取引所の会員権を取得
2001年	持株会社への移行にともない、野村ホールディングスと野村證券に機能を分割

松井証券

- 資本金……116億8072万円
- 代表取締役社長……松井道夫
- 本社所在地……東京都千代田区麹町1-4
- URL……http://www.matsui.co.jp/
- 沿革

1918年	松井房吉商店創業。東京株式取引所一般会員になる
1947年	松井證券に商号変更
1968年	新証券取引法による免許取得
1996年	株式保護預かり料の無料化
1997年	店頭株式の手数料を半額化
1998年	国内初の本格的インターネット取引「ネットストック」の開始
2001年	外国為替保証金取引「Net FX」の取扱いを開始
2002年	変額個人年金保険の販売や引受業務、預株制度の開始
2003年	無期限信用取引の取扱いを開始
2004年	日計り取引の片道手数料無料化
2005年	ネット中国株取引の取扱いを開始

マネックス証券

- 資本金……74億2500万円
（持株会社のマネックス・ビーンズ・ホールディングスは88億円）
- 代表取締役社長……松本大
- 本社所在地……東京都千代田区丸の内1-11-1
- URL……http://www.monex.co.jp/
- 沿革

1999年	4月にマネックス設立。6月にマネックス証券に商号変更
2000年	顧客口座開設数が10万口座を突破。株式交換制度により、セゾン証券の完全子会社化を発表
2001年	セゾン証券を合併。顧客口座数は約17万口座に。また国内株式の夜間取引である「マネックスナイター」のサービスを開始
2002年	投資情報サービス「マネックススピードプラス」の提供を開始
2003年	外国為替保証金取引「マネックスFX」の取扱いを開始
2004年	日興ビーンズ証券と株式移転により共同持株会社マネックス・ビーンズ・ホールディングスを設立。マネックス・ビーンズ証券に商号変更して、その子会社になる
2005年	商号をマネックス・ビーンズ証券からマネックス証券に変更

丸三証券

- 資本金……100億円
- 代表取締役社長……長尾榮次郎
- 本社所在地……東京都中央区日本橋2-5-2
- 電話番号……03-3272-5211
- URL……http://www.marusan-sec.co.jp/
- 沿革

1910年	多田岩吉商店として営業を開始
1944年	丸三証券に商号変更
1948年	証券取引法に基づく証券業者として登録
1949年	調査誌「丸三レポート」を創刊
1968年	改正証券取引法による証券業の免許を取得
1983年	資本金を30億5000万円に増資し、総合証券会社になる
1987年	パソコンによる投資情報（マックス）サービスを開始
1997年	オンライントレードサービスを開始
1998年	証券総合口座の取扱いを開始
2000年	オンライントレードサービスの名称を「マルサントレード」に変更

みずほ証券

- 資本金……1951億円
（持株会社のみずほフィナンシャルグループは1兆5409億円）
- 代表取締役社長……福田眞
- 本社所在地……東京都千代田区大手町1-5-1
- 電話番号……03-5208-3210
- URL……http://www.mizuho-sc.com/ja/index.html
- 沿革

1993年	日本興業銀行の100％出資により興銀証券設立
1999年	銀行系証券子会社における株式業務全面解禁により、株式業務をフルラインで開始
2000年	第一勧業証券、富士証券と合併。みずほ証券に社名変更
2001年	みずほフィナンシャルグループにおける投資銀行業務体制の改編により、主要な投資銀行業務をフルラインで開始
2002年	日本興業銀行よりThe Bridgeford Group株式100％を取得し、同社を子会社に。また、みずほフィナンシャルグループの分割・合併により、みずほホールディングスの直接100％子会社となる
2003年	みずほフィナンシャルグループの事業再構築により、みずほコーポレート銀行の直接100％子会社となる
2005年	中国の上海市、北京市に駐在員事務所開設

みずほインベスターズ証券

・資本金……802億8829万円
（持株会社のみずほフィナンシャルグループは1兆5409億円）
・代表取締役社長……保坂平
・本社所在地……東京都中央区日本橋茅場町1-13-16
・電話番号……03-5640-5111
・URL……http://www.mizuho-isec.co.jp/index.html
・沿革

1922年	日本勧業証券が設立
1948年	証券取引法に基づく証券業者として登録。株式委託売買業務を開始
1967年	角丸証券と合併し、日本勧業角丸証券に商号変更
1968年	改正証券取引法による総合証券会社としての免許を取得
1990年	勧角証券に商号変更
1998年	コンプライアンス委員会を設置
1999年	インターネットによる証券取引サービスを開始
2000年	みずほインベスターズ証券に商号変更
2001年	コールセンターを開設
2002年	新宿支店石神井営業所をみずほ銀行石神井支店内に移転し、支店として開設。銀行と同一フロアでの共同店舗化
2003年	みずほ銀行の子会社になる
2004年	証券仲介業をみずほ銀行と開始

三菱UFJ証券

・資本金……655億1800万円
（持株会社の三菱UFJフィナンシャル・グループは1兆3830億円）
・代表取締役社長……藤本公亮
・本社所在地……東京都千代田区丸の内2-4-1
・電話番号……03-6213-8500
・URL……http://www.sc.mufg.jp/
・沿革

2004年	三菱東京フィナンシャル・グループ、UFJホールディングス、東京三菱銀行、UFJ銀行、三菱信託銀行、UFJ信託銀行、三菱証券、UFJつばさ証券の8社が、両グループの持株会社、普通銀行、信託銀行、証券会社それぞれの経営統合について合意
2005年	三菱証券とUFJつばさ証券が合併契約書を締結。両者が正式に合併して、三菱UFJ証券が設立

水戸証券

- 資本金……122億7298万円
- 代表取締役社長……小林一彦
- 本社所在地……東京都中央区日本橋3-13-5
- 電話番号……03-3274-6111（大代表）
- URL……http://www.mito.co.jp/
- 沿革

1921年	茨城県水戸市で開業
2001年	創業80周年を記念して、株式を東証一部市場に上場

メリルリンチ日本証券

- 資本金……877億6800万円
- 代表取締役社長……小林いずみ
- 本社所在地……東京都中央区日本橋1-4-1
- URL……http://www.mljs.co.jp/
- 沿革

1961年	日本の金融市場に参入
1964年	東京に駐在員事務所を設置
1972年	メリルリンチ証券会社東京支店が証券業免許を取得
1986年	東京証券取引所正会員権を取得
1998年	メリルリンチ日本証券を設立。東京証券取引所および大阪証券取引所の正会員権を取得
2001年	メリルリンチ日本証券がメリルリンチ証券会社より営業の全部を譲り受け統合
2002年	日本投資者保護基金に加入
2005年	三菱東京フィナンシャルグループ（現三菱UFJフィナンシャル・グループ）と日本におけるプライベートバンキングサービス合弁会社設立のための正式契約に調印

モルガン・スタンレー証券会社

・資本金……約660億円（持込資本金）
・代表者……堀田健介(会長)，トーマス・ライリー(東京支店長)
・本社所在地……東京都渋谷区恵比寿4-20-3
・電話番号……03-5424-5000
・URL……http://www.morganstanley.co.jp/
・沿革

1970年	東京駐在員事務所開設
1984年	東京支店設立
1986年	東京証券取引所正会員権取得
1987年	大阪証券取引所正会員権取得
1989年	東京金融先物取引所会員権（清算会員）取得
1999年	モルガン・スタンレー証券会社からの営業譲受により、モルガン・スタンレー・ディーン・ウィッター・ジャパン・リミテッドとして営業開始
2001年	モルガン・スタンレー・ディーン・ウィッター・ジャパン・リミテッドからモルガン・スタンレー証券会社に社名変更
2004年	ジャスダック証券取引所取引参加資格取得
2005年	日本においてホテルマネジメント会社を設立。東京工業品取引所受託会員資格取得

UBS証券会社

・資本金……600億円
・代表者……マーク・ブランソン（CEO）大森進（社長）
・本社所在地……東京都千代田区大手町1-5-1
・電話番号……03-5208-6000（代表）
・URL……http://www.ibb.ubs.com/ubsjapan/jp_index.html
・沿革

1986年	東京支店を設立
1988年	東京証券取引所正会員を取得
1992年	大阪証券取引所正会員取得。大阪支店設立
1996年	UBS投資顧問を設立

楽天証券

- 資本金……66億円
- 代表取締役社長……國重惇史
- 本社所在地……東京港区六本木6-10-1
- URL……http://www.rakuten-sec.co.jp/
- 沿革

1999年	米国DLJ社と三井住友銀行の共同出資によって、DLJディレクトSFG証券として設立
2000年	専用トレーディングソフト「マーケットスピード」の提供を開始
2001年	株式夜間取引の取扱いを開始。携帯電話によるモバイル取引の環境を充実化
2002年	シュワブ東京海上証券の廃業にともない、同社の口座移管を受け入れ
2003年	外国為替保証金取引の「マーケットFX」の取扱いを開始
2004年	2003年11月に楽天と三井住友銀行の共同出資に変わり、2004年7月に楽天証券に称号を変更する
2005年	ネット専業証券では初の個人投資家向けの独自のアナリストレポートを提供開始

●参考サイト

東京証券取引所
http://www.tse.or.jp/

大阪証券取引所
http://www.ose.or.jp/

兜町ネット
http://www.kabutocho.net/

NIKKEI　NET
http://www.nikkei.co.jp/

証券会社各社ホームページ

山崎　元（やまざき　はじめ）
1958年北海道生まれ。東京大学経済学部卒業後、三菱商事、野村投信委託（現・野村アセットマネジメント）、住友信託銀行、メリルリンチ証券、パリバ証券、山一證券など12社を経て、現在、楽天証券経済研究所客員研究員。㈱マイベンチマーク代表取締役。週刊誌等に多数連載。著書に『ファンドマネジメント』（金融財政事情研究会）、『お金がふえるシンプルな考え方』（ダイヤモンド社）、『転職哲学』（かんき出版）など多数。

鈴木雅光（すずき　まさみつ）
経済・金融関連のライター。1967年神奈川県生まれ。岡三証券入社後、公社債新聞社の記者を経て、現在、有限会社JOYnt.の代表。テレビや出版のプロデュースも行なう。著書に『入門！インド株』（インデックス・コミュニケーションズ）、『投資信託でゆっくり確実にお金を殖やす』（アスカエフプロダクツ）など多数。

《業界《ぎょうかい》の最新常識《さいしんじょうしき》》
よくわかる証券業界《しょうけんぎょうかい》

2006年４月１日　初版発行

著　者　山崎　元 ©H.Yamazaki 2006
　　　　鈴木雅光 ©M.Suzuki 2006
発行者　上林健一

発行所　株式会社日本実業出版社　東京都文京区本郷３－２－12　〒113-0033
　　　　　　　　　　　　　　　　大阪市北区西天満６－８－１　〒530-0047
編集部 ☎03-3814-5651
営業部 ☎03-3814-5161　振　替　00170-1-25349
http://www.njg.co.jp/

印刷／理想社　製本／共栄社

この本の内容についてのお問合せは、書面かFAX（03-3818-2723）にてお願い致します。
落丁・乱丁本は、送料小社負担にて、お取り替え致します。

ISBN 4-534-04047-4　Printed in JAPAN